HONGAARS
WOORDENSCHAT

THEMATISCHE WOORDENLIJST

NEDERLANDS HONGAARS

De meest bruikbare woorden
Om uw woordenschat uit te breiden en
uw taalvaardigheid aan te scherpen

5000 woorden

Thematische woordenschat Nederlands-Hongaars - 5000 woorden
Door Andrey Taranov

Woordenlijsten van T&P Books zijn bedoeld om u woorden van een vreemde taal te helpen leren, onthouden, en bestudering. Dit woordenboek is ingedeeld in thema's en behandelt alle belangrijk terreinen van het dagelijkse leven, bedrijven, wetenschap, cultuur, etc.

Het proces van het leren van woorden met behulp van de op thema's gebaseerde aanpak van T&P Books biedt u de volgende voordelen:

- Correct gegroepeerde informatie is bepalend voor succes bij opeenvolgende stadia van het leren van woorden
- De beschikbaarheid van woorden die van dezelfde stam zijn maakt het mogelijk om woordgroepen te onthouden (in plaats van losse woorden)
- Kleine groepen van woorden faciliteren het proces van het aanmaken van associatieve verbindingen, die nodig zijn bij het consolideren van de woordenschat
- Het niveau van talenkennis kan worden ingeschat door het aantal geleerde woorden

Copyright © 2018 T&P Books Publishing

Alle rechten voorbehouden. Niets uit deze uitgave mag worden verveelvoudigd, opgeslagen in een geautomatiseerd gegevensbestand en/of openbaar gemaakt in enige vorm of op enige wijze, hetzij elektronisch, mechanisch, door fotokopieën, opnamen of op enige andere manier zonder voorafgaande schriftelijke toestemming van de uitgever. U mag dit boek niet verspreiden in welk formaat dan ook.

T&P Books Publishing
www.tpbooks.com

ISBN: 978-1-78492-339-6

Dit boek is ook beschikbaar in e-boek formaat.
Gelieve www.tpbooks.com te bezoeken of de belangrijkste online boekwinkels.

HONGAARSE WOORDENSCHAT
nieuwe woorden leren

T&P Books woordenlijsten zijn bedoeld om u te helpen vreemde woorden te leren, te onthouden, en te bestuderen. De woordenschat bevat meer dan 5000 veel gebruikte woorden die thematisch geordend zijn.

- De woordenlijst bevat de meest gebruikte woorden
- Aanbevolen als aanvulling bij welke taalcursus dan ook
- Voldoet aan de behoeften van de beginnende en gevorderde student in vreemde talen
- Geschikt voor dagelijks gebruik, bestudering en zelftestactiviteiten
- Maakt het mogelijk om uw woordenschat te evalueren

Bijzondere kenmerken van de woordenschat

- De woorden zijn gerangschikt naar hun betekenis, niet volgens alfabet
- De woorden worden weergegeven in drie kolommen om bestudering en zelftesten te vergemakkelijken
- Woorden in groepen worden verdeeld in kleine blokken om het leerproces te vergemakkelijken
- De woordenschat biedt een handige en eenvoudige beschrijving van elk buitenlands woord

De woordenschat bevat 155 onderwerpen zoals:

Basisconcepten, getallen, kleuren, maanden, seizoenen, meeteenheden, kleding en accessoires, eten & voeding, restaurant, familieleden, verwanten, karakter, gevoelens, emoties, ziekten, stad, dorp, bezienswaardigheden, winkelen, geld, huis, thuis, kantoor, werken op kantoor, import & export, marketing, werk zoeken, sport, onderwijs, computer, internet, gereedschap, natuur, landen, nationaliteiten en meer ...

INHOUDSOPGAVE

Uitspraakgids	9
Afkortingen	11

BASISBEGRIPPEN	12
Basisbegrippen Deel 1	12

1.	Voornaamwoorden	12
2.	Begroetingen. Begroetingen. Afscheid	12
3.	Hoe aan te spreken	13
4.	Kardinale getallen. Deel 1	13
5.	Kardinale getallen. Deel 2	14
6.	Ordinale getallen	15
7.	Getallen. Breuken	15
8.	Getallen. Eenvoudige berekeningen	15
9.	Getallen. Diversen	15
10.	De belangrijkste werkwoorden. Deel 1	16
11.	De belangrijkste werkwoorden. Deel 2	17
12.	De belangrijkste werkwoorden. Deel 3	18
13.	De belangrijkste werkwoorden. Deel 4	19
14.	Kleuren	20
15.	Vragen	20
16.	Voorzetsels	21
17.	Functiewoorden. Bijwoorden. Deel 1	21
18.	Functiewoorden. Bijwoorden. Deel 2	23

Basisbegrippen Deel 2	25

19.	Dagen van de week	25
20.	Uren. Dag en nacht	25
21.	Maanden. Seizoenen	26
22.	Meeteenheden	28
23.	Containers	29

MENS	30
Mens. Het lichaam	30

24.	Hoofd	30
25.	Menselijk lichaam	31

Kleding en accessoires	32

26.	Bovenkleding. Jassen	32
27.	Heren & dames kleding	32

28. Kleding. Ondergoed	33
29. Hoofddeksels	33
30. Schoeisel	33
31. Persoonlijke accessoires	34
32. Kleding. Diversen	34
33. Persoonlijke verzorging. Schoonheidsmiddelen	35
34. Horloges. Klokken	36

Voedsel. Voeding	37
35. Voedsel	37
36. Drankjes	38
37. Groenten	39
38. Vruchten. Noten	40
39. Brood. Snoep	41
40. Bereide gerechten	41
41. Kruiden	42
42. Maaltijden	43
43. Tafelschikking	43
44. Restaurant	44

Familie, verwanten en vrienden	45
45. Persoonlijke informatie. Formulieren	45
46. Familieleden. Verwanten	45

Geneeskunde	47
47. Ziekten	47
48. Symptomen. Behandelingen. Deel 1	48
49. Symptomen. Behandelingen. Deel 2	49
50. Symptomen. Behandelingen. Deel 3	50
51. Artsen	51
52. Geneeskunde. Medicijnen. Accessoires	51

HET MENSELIJKE LEEFGEBIED	52
Stad	52
53. Stad. Het leven in de stad	52
54. Stedelijke instellingen	53
55. Borden	54
56. Stedelijk vervoer	55
57. Bezienswaardigheden	56
58. Winkelen	57
59. Geld	58
60. Post. Postkantoor	59

Woning. Huis. Thuis	60
61. Huis. Elektriciteit	60

62.	Villa. Herenhuis	60
63.	Appartement	60
64.	Meubels. Interieur	61
65.	Beddengoed	62
66.	Keuken	62
67.	Badkamer	63
68.	Huishoudelijke apparaten	64

MENSELIJKE ACTIVITEITEN 65
Baan. Business. Deel 1 65

69.	Kantoor. Op kantoor werken	65
70.	Bedrijfsprocessen. Deel 1	66
71.	Bedrijfsprocessen. Deel 2	67
72.	Productie. Werken	68
73.	Contract. Overeenstemming	69
74.	Import & Export	70
75.	Financiën	70
76.	Marketing	71
77.	Reclame	71
78.	Bankieren	72
79.	Telefoon. Telefoongesprek	73
80.	Mobiele telefoon	73
81.	Schrijfbehoeften	74
82.	Soorten bedrijven	74

Baan. Business. Deel 2 77

83.	Show. Tentoonstelling	77
84.	Wetenschap. Onderzoek. Wetenschappers	78

Beroepen en ambachten 79

85.	Zoeken naar werk. Ontslag	79
86.	Zakenmensen	79
87.	Dienstverlenende beroepen	80
88.	Militaire beroepen en rangen	81
89.	Ambtenaren. Priesters	82
90.	Agrarische beroepen	82
91.	Kunst beroepen	83
92.	Verschillende beroepen	83
93.	Beroepen. Sociale status	85

Onderwijs 86

94.	School	86
95.	Hogeschool. Universiteit	87
96.	Wetenschappen. Disciplines	88
97.	Schrift. Spelling	88
98.	Vreemde talen	89

Rusten. Entertainment. Reizen	91
99. Trip. Reizen	91
100. Hotel	91

TECHNISCHE APPARATUUR. VERVOER	93
Technische apparatuur	93
101. Computer	93
102. Internet. E-mail	94
103. Elektriciteit	95
104. Gereedschappen	95

Vervoer	98
105. Vliegtuig	98
106. Trein	99
107. Schip	100
108. Vliegveld	101

Gebeurtenissen in het leven	103
109. Vakanties. Evenement	103
110. Begrafenissen. Begrafenis	104
111. Oorlog. Soldaten	104
112. Oorlog. Militaire acties. Deel 1	105
113. Oorlog. Militaire acties. Deel 2	107
114. Wapens	108
115. Oude mensen	110
116. Middeleeuwen	110
117. Leider. Baas. Autoriteiten	112
118. De wet overtreden. Criminelen. Deel 1	113
119. De wet overtreden. Criminelen. Deel 2	114
120. Politie. Wet. Deel 1	115
121. Politie. Wet. Deel 2	116

NATUUR	118
De Aarde. Deel 1	118
122. De kosmische ruimte	118
123. De Aarde	119
124. Windrichtingen	120
125. Zee. Oceaan	120
126. Namen van zeeën en oceanen	121
127. Bergen	122
128. Bergen namen	123
129. Rivieren	123
130. Namen van rivieren	124
131. Bos	124
132. Natuurlijke hulpbronnen	125

De Aarde. Deel 2 127

133. Weer 127
134. Zwaar weer. Natuurrampen 128

Fauna 129

135. Zoogdieren. Roofdieren 129
136. Wilde dieren 129
137. Huisdieren 130
138. Vogels 131
139. Vis. Zeedieren 133
140. Amfibieën. Reptielen 133
141. Insecten 134

Flora 135

142. Bomen 135
143. Heesters 135
144. Vruchten. Bessen 136
145. Bloemen. Planten 136
146. Granen, graankorrels 138

LANDEN. NATIONALITEITEN 139

147. West-Europa 139
148. Centraal- en Oost-Europa 139
149. Voormalige USSR landen 140
150. Azië 140
151. Noord-Amerika 141
152. Midden- en Zuid-Amerika 141
153. Afrika 142
154. Australië. Oceanië 142
155. Steden 142

UITSPRAAKGIDS

T&P fonetisch alfabet	Hongaars voorbeeld	Nederlands voorbeeld

Klinkers

[ɒ]	takaró [tɒkɒro:]	Fries - 'hanne'
[a:]	bátor [ba:tor]	aan, maart
[ɛ]	öreg [ørɛg]	elf, zwembad
[e:]	csésze [tʃe:sɛ]	twee, ongeveer
[i]	viccel [vitsɛl]	bidden, tint
[i:]	híd [hi:d]	team, portier
[o]	komoly [komoj]	overeenkomst
[o:]	óvoda [o:vodɒ]	rood, knoop
[ø]	könny [køɲ:]	neus, beu
[ø:]	rendőr [rɛndø:r]	lange 'uh' als in deur
[u]	tud [tud]	hoed, doe
[u:]	bútor [bu:tor]	fuut, uur
[y]	üveg [yvɛg]	fuut, uur
[y:]	tűzoltó [ty:zolto:]	jullie

Medeklinkers

[b]	borsó [borʃo:]	hebben
[c]	kutya [kucɒ]	petje
[ts]	recept [rɛtsɛpt]	niets, plaats
[tʃ]	bocsát [botʃa:t]	Tsjechië, cello
[d]	dal [dɒl]	Dank u, honderd
[dz]	edző [ɛdzø:]	zeldzaam
[dʒ]	dzsem [dʒɛm]	jeans, jungle
[f]	feltétel [fɛlte:tɛl]	feestdag, informeren
[g]	régen [re:gɛn]	goal, tango
[h]	homok [homok]	het, herhalen
[j]	játszik [ja:tsik]	New York, januari
[ɟ]	negyven [nɛɟvɛn]	Djengiz Khan
[k]	katalógus [kɒtɒlo:guʃ]	kennen, kleur
[l]	olcsó [oltʃo:]	delen, luchter
[m]	megment [mɛgmɛnt]	morgen, etmaal
[n]	négyzet [ne:ɟzɛt]	nemen, zonder
[ŋ]	senki [ʃɛŋki]	optelling
[ɲ]	kanyar [kɒɲɒr]	cognac, nieuw
[p]	pizsama [piʒɒmɒ]	parallel, koper
[r]	köröm [kørøm]	roepen, breken

T&P fonetisch alfabet | **Hongaars voorbeeld** | **Nederlands voorbeeld**

[s]	szoknya [sokɲɒ]	spreken, kosten
[ʃ]	siet [ʃiɛt]	shampoo, machine
[t]	táska [taːʃkɒ]	tomaat, taart
[v]	vezető [vɛzɛtøː]	beloven, schrijven
[z]	frizura [frizurɒ]	zeven, zesde
[ʒ]	mazsola [mɒʒolɒ]	journalist, rouge

AFKORTINGEN
gebruikt in de woordenschat

Nederlandse afkortingen

abn	-	als bijvoeglijk naamwoord
bijv.	-	bijvoorbeeld
bn	-	bijvoeglijk naamwoord
bw	-	bijwoord
enk.	-	enkelvoud
enz.	-	enzovoort
form.	-	formele taal
inform.	-	informele taal
mann.	-	mannelijk
mil.	-	militair
mv.	-	meervoud
on.ww.	-	onovergankelijk werkwoord
ontelb.	-	ontelbaar
ov.	-	over
ov.ww.	-	overgankelijk werkwoord
telb.	-	telbaar
vn	-	voornaamwoord
vrouw.	-	vrouwelijk
vw	-	voegwoord
vz	-	voorzetsel
wisk.	-	wiskunde
ww	-	werkwoord

Nederlandse artikelen

de	-	gemeenschappelijk geslacht
de/het	-	gemeenschappelijk geslacht, onzijdig
het	-	onzijdig

BASISBEGRIPPEN

Basisbegrippen Deel 1

1. Voornaamwoorden

ik	én	[e:n]
jij, je	te	[tɛ]
hij, zij, het	ő	[ø:]
wij, we	mi	[mi]
jullie	ti	[ti]
zij, ze	ők	[ø:k]

2. Begroetingen. Begroetingen. Afscheid

Hallo! Dag!	Szervusz!	[sɛrvus]
Hallo!	Szervusztok!	[sɛrvustok]
Goedemorgen!	Jó reggelt!	[jo: rɛggɛlt]
Goedemiddag!	Jó napot!	[jo: nɒpot]
Goedenavond!	Jó estét!	[jo: ɛʃte:t]
gedag zeggen (groeten)	köszönt	[køsønt]
Hoi!	Szia!	[siɒ]
groeten (het)	üdvözlet	[ydvøzlɛt]
verwelkomen (ww)	üdvözöl	[ydvøzøl]
Hoe gaat het?	Hogy vagy?	[hoɟ vɒɟ]
Is er nog nieuws?	Mi újság?	[mi u:jʃa:g]
Dag! Tot ziens!	Viszontlátásra!	[visont la:ta:ʃrɒ]
Tot snel! Tot ziens!	A közeli viszontlátásra!	[ɒ køzɛli visont la:ta:ʃrɒ]
Vaarwel! (inform.)	Isten veled!	[iʃtɛn vɛlɛd]
Vaarwel! (form.)	Isten vele!	[iʃtɛn vɛlɛ]
afscheid nemen (ww)	elbúcsúzik	[ɛlbu:tʃu:zik]
Tot kijk!	Viszlát!	[visla:t]
Dank u!	Köszönöm!	[køsønøm]
Dank u wel!	Köszönöm szépen!	[køsønøm se:pɛn]
Graag gedaan	Kérem.	[ke:rɛm]
Geen dank!	szóra sem érdemes	[so:rɒ ʃɛm e:rdɛmɛʃ]
Geen moeite.	nincs mit	[nintʃ mit]
Excuseer me, ...	Bocsánat!	[botʃa:nɒt]
excuseren (verontschuldigen)	bocsát	[botʃa:t]
zich verontschuldigen	bocsánatot kér	[botʃa:nɒtot ke:r]
Mijn excuses.	bocsánatot kérek	[botʃa:nɒtot ke:rɛk]

Het spijt me!	Elnézést!	[ɛlneːzeːʃt]
vergeven (ww)	bocsát	[botʃaːt]
alsjeblieft	kérem szépen	[keːrɛm seːpɛn]
Vergeet het niet!	Ne felejtse!	[nɛ fɛlɛjtʃɛ]
Natuurlijk!	Persze!	[pɛrsɛ]
Natuurlijk niet!	Persze nem!	[pɛrsɛ nɛm]
Akkoord!	Jól van!	[joːl vɒn]
Zo is het genoeg!	Elég!	[ɛleːg]

3. Hoe aan te spreken

meneer	Uram	[urɒm]
mevrouw	Asszonyom	[ɒssonøm]
juffrouw	Fiatalasszony	[fiɒtɒl ɒssoɲ]
jongeman	Fiatalember	[fiɒtɒl ɛmbɛr]
jongen	Kisfiú	[kiʃfiuː]
meisje	Kislány	[kiʃlaːɲ]

4. Kardinale getallen. Deel 1

nul	nulla	[nullɒ]
een	egy	[ɛɟ]
twee	kettő, két	[kɛttøː], [keːt]
drie	három	[haːrom]
vier	négy	[neːɟ]
vijf	öt	[øt]
zes	hat	[hɒt]
zeven	hét	[heːt]
acht	nyolc	[ɲolts]
negen	kilenc	[kilɛnts]
tien	tíz	[tiːz]
elf	tizenegy	[tizɛnɛɟ]
twaalf	tizenkettő	[tizɛŋkɛttøː]
dertien	tizenhárom	[tizɛnhaːrom]
veertien	tizennégy	[tizɛnneːɟ]
vijftien	tizenöt	[tizɛnøt]
zestien	tizenhat	[tizɛnhɒt]
zeventien	tizenhét	[tizɛnheːt]
achttien	tizennyolc	[tizɛnɲolts]
negentien	tizenkilenc	[tizɛŋkilɛnts]
twintig	húsz	[huːs]
eenentwintig	huszonegy	[husonɛɟ]
tweeëntwintig	huszonkettő	[huson kɛttøː]
drieëntwintig	huszonhárom	[huson haːrom]
dertig	harminc	[hɒrmints]
eenendertig	harmincegy	[hɒrmintsɛɟ]

| tweeëndertig | harminckettő | [hɔrmints kɛttøː] |
| drieëndertig | harminchárom | [hɔrmintshaːrom] |

veertig	negyven	[nɛɟvɛn]
eenenveertig	negyvenegy	[nɛɟvɛnɛɟ]
tweeënveertig	negyvenkettő	[nɛɟvɛn kɛttøː]
drieënveertig	negyvenhárom	[nɛɟvɛn haːrom]

vijftig	ötven	[øtvɛn]
eenenvijftig	ötvenegy	[øtvɛnɛɟ]
tweeënvijftig	ötvenkettő	[øtvɛn kɛttøː]
drieënvijftig	ötvenhárom	[øtvɛn haːrom]

zestig	hatvan	[hɔtvɒn]
eenenzestig	hatvanegy	[hɔtvɒnɛɟ]
tweeënzestig	hatvankettő	[hɔtvɒn kɛttøː]
drieënzestig	hatvanhárom	[hɔtvɒn haːrom]

zeventig	hetven	[hɛtvɛn]
eenenzeventig	hetvenegy	[hɛtvɛnɛɟ]
tweeënzeventig	hetvenkettő	[hɛtvɛn kɛttøː]
drieënzeventig	hetvenhárom	[hɛtvɛn haːrom]

tachtig	nyolcvan	[ɲoltsvɒn]
eenentachtig	nyolcvanegy	[ɲoltsvɒnɛɟ]
tweeëntachtig	nyolcvankettő	[ɲoltsvɒn kɛttøː]
drieëntachtig	nyolcvanhárom	[ɲoltsvɒn haːrom]

negentig	kilencven	[kilɛntsvɛn]
eenennegentig	kilencvenegy	[kilɛntsvɛnɛɟ]
tweeënnegentig	kilencvenkettő	[kilɛntsvɛn kɛttøː]
drieënnegentig	kilencvenhárom	[kilɛntsvɛn haːrom]

5. Kardinale getallen. Deel 2

honderd	száz	[saːz]
tweehonderd	kétszáz	[keːtsaːz]
driehonderd	háromszáz	[haːromsaːz]
vierhonderd	négyszáz	[neːɟsaːz]
vijfhonderd	ötszáz	[øtsaːz]

| zeshonderd | hatszáz | [hɔtsaːz] |
| zevenhonderd | hétszáz | [heːtsaːz] |

| achthonderd | nyolcszáz | [ɲoltssaːz] |
| negenhonderd | kilencszáz | [kilɛntssaːz] |

duizend	ezer	[ɛzɛr]
tweeduizend	kétezer	[keːtɛzɛr]
drieduizend	háromezer	[haːromɛzɛr]
tienduizend	tízezer	[tiːzɛzɛr]
honderdduizend	százezer	[saːzɛzɛr]
miljoen (het)	millió	[millioː]
miljard (het)	milliárd	[milliaːrd]

6. Ordinale getallen

eerste (bn)	első	[ɛlʃøː]
tweede (bn)	második	[maːʃodik]
derde (bn)	harmadik	[hɒrmɒdik]
vierde (bn)	negyedik	[nɛɟɛdik]
vijfde (bn)	ötödik	[øtødik]
zesde (bn)	hatodik	[hɒtodik]
zevende (bn)	hetedik	[hɛtɛdik]
achtste (bn)	nyolcadik	[ɲoltsɒdik]
negende (bn)	kilencedik	[kilɛntsɛdik]
tiende (bn)	tizedik	[tizɛdik]

7. Getallen. Breuken

breukgetal (het)	tört	[tørt]
half	fél	[feːl]
een derde	egy harmad	[ɛɟ hɒrmɒd]
kwart	egy negyed	[ɛɟ nɛɟɛd]
een achtste	egy nyolcad	[ɛɟ ɲøltsɒd]
een tiende	egy tized	[ɛɟ tizɛd]
twee derde	két harmad	[keːt hɒrmɒd]
driekwart	három negyed	[haːrom nɛɟɛd]

8. Getallen. Eenvoudige berekeningen

aftrekking (de)	kivonás	[kivonaːʃ]
aftrekken (ww)	kivon	[kivon]
deling (de)	osztás	[ostaːʃ]
delen (ww)	oszt	[ost]
optelling (de)	összeadás	[øssɛɒdaːʃ]
erbij optellen (bij elkaar voegen)	összead	[øssɛɒd]
optellen (ww)	hozzáad	[hozzaːɒd]
vermenigvuldiging (de)	szorzás	[sorzaːʃ]
vermenigvuldigen (ww)	megszoroz	[mɛgsoroz]

9. Getallen. Diversen

cijfer (het)	számjegy	[saːmjɛɟ]
nummer (het)	szám	[saːm]
telwoord (het)	számnév	[saːmneːv]
minteken (het)	mínusz	[miːnus]
plusteken (het)	plusz	[plus]
formule (de)	formula	[formulɒ]
berekening (de)	kiszámítás	[kisaːmiːtaːʃ]

tellen (ww)	számol	[saːmol]
bijrekenen (ww)	összeszámol	[øssɛsaːmol]
vergelijken (ww)	összehasonlít	[øssɛhoʃonliːt]

| Hoeveel? (ontelb.) | Mennyi? | [mɛɲɲi] |
| Hoeveel? (telb.) | Hány? | [haːɲ] |

som (de), totaal (het)	összeg	[øssɛg]
uitkomst (de)	eredmény	[ɛrɛdmeːɲ]
rest (de)	maradék	[mɒrɒdeːk]

enkele (bijv. ~ minuten)	néhány	[neːhaːɲ]
weinig (bw)	kevés ...	[kɛveːʃ]
restant (het)	egyéb	[ɛɟeːb]
anderhalf	másfél	[maːʃfeːl]
dozijn (het)	tucat	[tutsɒt]

middendoor (bw)	ketté	[kɛtteː]
even (bw)	egyenlően	[ɛɟɛnløːɛn]
helft (de)	fél	[feːl]
keer (de)	egyszer	[ɛcsɛr]

10. De belangrijkste werkwoorden. Deel 1

aanbevelen (ww)	ajánl	[ɒjaːnl]
aandringen (ww)	ragaszkodik	[rɒgɒskodik]
aankomen (per auto, enz.)	érkezik	[eːrkɛzik]
aanraken (ww)	érint	[eːrint]
adviseren (ww)	tanácsol	[tɒnaːt͡ʃol]

afdalen (on.ww.)	lemegy	[lɛmɛɟ]
afslaan (naar rechts ~)	fordul	[fordul]
antwoorden (ww)	válaszol	[vaːlɒsol]
bang zijn (ww)	fél	[feːl]
bedreigen (bijv. met een pistool)	fenyeget	[fɛnɛgɛt]

bedriegen (ww)	csal	[t͡ʃɒl]
beëindigen (ww)	befejez	[bɛfɛjɛz]
beginnen (ww)	kezd	[kɛzd]
begrijpen (ww)	ért	[eːrt]
beheren (managen)	irányít	[iraːniːt]

beledigen (met scheldwoorden)	megsért	[mɛgʃeːrt]
beloven (ww)	ígér	[iːgeːr]
bereiden (koken)	készít	[keːsiːt]
bespreken (spreken over)	megbeszél	[mɛgbɛseːl]

bestellen (eten ~)	rendel	[rɛndɛl]
bestraffen (een stout kind ~)	büntet	[byntɛt]
betalen (ww)	fizet	[fizɛt]
betekenen (beduiden)	jelent	[jɛlɛnt]
betreuren (ww)	sajnál	[ʃɒjnaːl]

bevallen (prettig vinden)	tetszik	[tɛtsik]
bevelen (mil.)	parancsol	[pɒrɒntʃol]
bevrijden (stad, enz.)	felszabadít	[fɛlsɒbɒdi:t]
bewaren (ww)	megőriz	[mɛgø:riz]
bezitten (ww)	rendelkezik	[rɛndɛlkɛzik]
bidden (praten met God)	imádkozik	[ima:dkozik]
binnengaan (een kamer ~)	bemegy	[bɛmɛɟ]
breken (ww)	tör	[tør]
controleren (ww)	ellenőriz	[ɛllɛnø:riz]
creëren (ww)	teremt	[tɛrɛmt]
deelnemen (ww)	részt vesz	[re:st vɛs]
denken (ww)	gondol	[gondol]
doden (ww)	megöl	[mɛgøl]
doen (ww)	csinál	[tʃina:l]
dorst hebben (ww)	szomjas van	[somjɒʃ vɒn]

11. De belangrijkste werkwoorden. Deel 2

een hint geven	céloz	[tse:loz]
eisen (met klem vragen)	követel	[køvɛtɛl]
existeren (bestaan)	létezik	[le:tɛzik]
gaan (te voet)	megy	[mɛɟ]
gaan zitten (ww)	leül	[lɛyl]
gaan zwemmen	úszni megy	[u:sni mɛɟ]
geven (ww)	ad	[ɒd]
glimlachen (ww)	mosolyog	[moʃojog]
goed raden (ww)	kitalál	[kitɒla:l]
grappen maken (ww)	viccel	[vitsɛl]
graven (ww)	ás	[a:ʃ]
hebben (ww)	van	[vɒn]
helpen (ww)	segít	[ʃɛgi:t]
herhalen (opnieuw zeggen)	ismétel	[iʃme:tɛl]
honger hebben (ww)	éhes van	[e:hɛʃ vɒn]
hopen (ww)	remél	[rɛme:l]
horen (waarnemen met het oor)	hall	[hɒll]
huilen (wenen)	sír	[ʃi:r]
huren (huis, kamer)	bérel	[be:rɛl]
informeren (informatie geven)	tájékoztat	[ta:je:koztɒt]
instemmen (akkoord gaan)	beleegyezik	[bɛlɛɛɟɛzik]
jagen (ww)	vadászik	[vɒda:sik]
kennen (kennis hebben van iemand)	ismer	[iʃmɛr]
kiezen (ww)	választ	[va:lɒst]
klagen (ww)	panaszkodik	[pɒnɒskodik]
kosten (ww)	kerül	[kɛryl]
kunnen (ww)	tud	[tud]

lachen (ww)	nevet	[nɛvɛt]
laten vallen (ww)	leejt	[lɛɛjt]
lezen (ww)	olvas	[olvɒʃ]
liefhebben (ww)	szeret	[sɛrɛt]
lunchen (ww)	ebédel	[ɛbeːdɛl]
nemen (ww)	vesz	[vɛs]
nodig zijn (ww)	szükség van	[sykʃeːg vɒn]

12. De belangrijkste werkwoorden. Deel 3

onderschatten (ww)	aláértékel	[ɒlaːeːrteːkɛl]
ondertekenen (ww)	aláír	[ɒlaːiːr]
ontbijten (ww)	reggelizik	[rɛggɛlizik]
openen (ww)	nyit	[ɲit]
ophouden (ww)	abbahagy	[ɒbbɒhɒɟ]
opmerken (zien)	észrevesz	[eːsrɛvɛs]
opscheppen (ww)	dicsekedik	[ditʃɛkɛdik]
opschrijven (ww)	feljegyez	[fɛljɛɟɛz]
plannen (ww)	tervez	[tɛrvɛz]
prefereren (verkiezen)	többre becsül	[tøbbrɛ bɛtʃyl]
proberen (trachten)	próbál	[proːbaːl]
redden (ww)	megment	[mɛgmɛnt]
rekenen op ...	számít ...re	[saːmiːt ...rɛ]
rennen (ww)	fut	[fut]
reserveren (een hotelkamer ~)	rezervál	[rɛzɛrvaːl]
roepen (om hulp)	hív	[hiːv]
schieten (ww)	lő	[løː]
schreeuwen (ww)	kiabál	[kiɒbaːl]
schrijven (ww)	ír	[iːr]
souperen (ww)	vacsorázik	[vɒtʃoraːzik]
spelen (kinderen)	játszik	[jaːtsik]
spreken (ww)	beszélget	[bɛseːlgɛt]
stelen (ww)	lop	[lop]
stoppen (pauzeren)	megáll	[mɛgaːll]
studeren (Nederlands ~)	tanul	[tɒnul]
sturen (zenden)	felad	[fɛlɒd]
tellen (optellen)	számol	[saːmol]
toebehoren aan ...	tartozik	[tɒrtozik]
toestaan (ww)	enged	[ɛŋgɛd]
tonen (ww)	mutat	[mutɒt]
twijfelen (onzeker zijn)	kételkedik	[keːtɛlkɛdik]
uitgaan (ww)	kimegy	[kimɛɟ]
uitnodigen (ww)	meghív	[mɛghiːv]
uitspreken (ww)	kiejt	[kiɛjt]
uitvaren tegen (ww)	szid	[sid]

13. De belangrijkste werkwoorden. Deel 4

vallen (ww)	esik	[ɛʃik]
vangen (ww)	fog	[fog]
veranderen (anders maken)	változtat	[vaːltoztɒt]
verbaasd zijn (ww)	csodálkozik	[tʃodaːlkozik]
verbergen (ww)	rejt	[rɛjt]
verdedigen (je land ~)	véd	[veːd]
verenigen (ww)	egyesít	[ɛɟɛʃiːt]
vergelijken (ww)	összehasonlít	[øssɛhɒʃonliːt]
vergeten (ww)	elfelejt	[ɛlfɛlɛjt]
vergeven (ww)	bocsát	[botʃaːt]
verklaren (uitleggen)	magyaráz	[mɒɟɒraːz]
verkopen (per stuk ~)	elad	[ɛlɒd]
vermelden (praten over)	megemlít	[mɛgɛmliːt]
versieren (decoreren)	díszít	[diːsiːt]
vertalen (ww)	fordít	[fordiːt]
vertrouwen (ww)	rábíz	[raːbiːz]
vervolgen (ww)	folytat	[fojtɒt]
verwarren (met elkaar ~)	összetéveszt	[øssɛteːvɛst]
verzoeken (ww)	kér	[keːr]
verzuimen (school, enz.)	elmulaszt	[ɛlmulɒst]
vinden (ww)	talál	[tɒlaːl]
vliegen (ww)	repül	[rɛpyl]
volgen (ww)	követ	[køvɛt]
voorstellen (ww)	javasol	[jɒvɒʃol]
voorzien (verwachten)	előre lát	[ɛløːrɛ laːt]
vragen (ww)	kérdez	[keːrdɛz]
waarnemen (ww)	figyel	[fiɟɛl]
waarschuwen (ww)	figyelmeztet	[fiɟɛlmɛztɛt]
wachten (ww)	vár	[vaːr]
weerspreken (ww)	ellentmond	[ɛllɛntmond]
weigeren (ww)	lemond	[lɛmond]
werken (ww)	dolgozik	[dolgozik]
weten (ww)	tud	[tud]
willen (verlangen)	akar	[ɒkɒr]
zeggen (ww)	mond	[mond]
zich haasten (ww)	siet	[ʃiɛt]
zich interesseren voor ...	érdeklődik	[eːrdɛkløːdik]
zich vergissen (ww)	hibázik	[hibaːzik]
zich verontschuldigen	bocsánatot kér	[botʃaːnɒtot keːr]
zien (ww)	lát	[laːt]
zoeken (ww)	keres	[kɛrɛʃ]
zwemmen (ww)	úszik	[uːsik]
zwijgen (ww)	hallgat	[hɒllgɒt]

14. Kleuren

kleur (de)	szín	[siːn]
tint (de)	árnyalat	[aːrɲɒlɒt]
kleurnuance (de)	tónus	[toːnuʃ]
regenboog (de)	szivárvány	[sivaːrvaːɲ]
wit (bn)	fehér	[fɛheːr]
zwart (bn)	fekete	[fɛkɛtɛ]
grijs (bn)	szürke	[syrkɛ]
groen (bn)	zöld	[zøld]
geel (bn)	sárga	[ʃaːrgɒ]
rood (bn)	piros	[piroʃ]
blauw (bn)	kék	[keːk]
lichtblauw (bn)	világoskék	[vilaːgoʃkeːk]
roze (bn)	rózsaszínű	[roːʒɒsiːnyː]
oranje (bn)	narancssárga	[nɒrɒntʃ ʃaːrgɒ]
violet (bn)	lila	[lilɒ]
bruin (bn)	barna	[bɒrnɒ]
goud (bn)	arany	[ɒrɒɲ]
zilverkleurig (bn)	ezüstös	[ɛzyʃtøʃ]
beige (bn)	bézs	[beːʒ]
roomkleurig (bn)	krémszínű	[kreːmsiːnyː]
turkoois (bn)	türkizkék	[tyrkiskeːk]
kersrood (bn)	meggyszínű	[mɛɟɟ siːnyː]
lila (bn)	lila	[lilɒ]
karmijnrood (bn)	málnaszínű	[maːlnɒ siːnyː]
licht (bn)	világos	[vilaːgoʃ]
donker (bn)	sötét	[ʃøteːt]
fel (bn)	élénk	[eːleːŋk]
kleur-, kleurig (bn)	színes	[siːnɛʃ]
kleuren- (abn)	színes	[siːnɛʃ]
zwart-wit (bn)	feketefehér	[fɛkɛtɛfɛheːr]
eenkleurig (bn)	egyszínű	[ɛcsiːnyː]
veelkleurig (bn)	sokszínű	[ʃoksiːnyː]

15. Vragen

Wie?	Ki?	[ki]
Wat?	Mi?	[mi]
Waar?	Hol?	[hol]
Waarheen?	Hová?	[hovaː]
Waarvandaan?	Honnan?	[honnɒn]
Wanneer?	Mikor?	[mikor]
Waarom?	Minek?	[minɛk]
Waarom?	Miért?	[mieːrt]
Waarvoor dan ook?	Miért?	[mieːrt]

Hoe?	Hogy? Hogyan?	[hoj], [hojɒn]
Wat voor ...?	Milyen?	[mijɛn]
Welk?	Melyik?	[mɛjik]

Aan wie?	Kinek?	[kinɛk]
Over wie?	Kiről?	[kirø:l]
Waarover?	Miről?	[mirø:l]
Met wie?	Kivel?	[kivɛl]

| Hoeveel? (telb.) | Hány? | [ha:ɲ] |
| Van wie? (mann.) | Kié? | [kie:] |

16. Voorzetsels

met (bijv. ~ beleg)	val, -vel	[-vɒl, -vɛl]
zonder (~ accent)	nélkül	[ne:lkyl]
naar (in de richting van)	ba, -be	[bɒ, -bɛ]
over (praten ~)	ról, -ről	[ro:l, -rø:l]
voor (in tijd)	előtt	[ɛlø:tt]
voor (aan de voorkant)	előtt	[ɛlø:tt]

onder (lager dan)	alatt	[ɒlɒtt]
boven (hoger dan)	fölött	[føløtt]
op (bovenop)	n	[n]
van (uit, afkomstig van)	ból, -ből	[bo:l, -bø:l]
van (gemaakt van)	ból, -ből	[bo:l, -bø:l]

| over (bijv. ~ een uur) | múlva | [mu:lvɒ] |
| over (over de bovenkant) | keresztül | [kɛrɛstyl] |

17. Functiewoorden. Bijwoorden. Deel 1

Waar?	Hol?	[hol]
hier (bw)	itt	[itt]
daar (bw)	ott	[ott]

| ergens (bw) | valahol | [vɒlɒhol] |
| nergens (bw) | sehol | [ʃɛhol] |

| bij ... (in de buurt) | mellett, nál, -nél | [mɛllɛtt], [na:l, -ne:l] |
| bij het raam | az ablaknál | [ɒz ɒblɒkna:l] |

Waarheen?	Hová?	[hova:]
hierheen (bw)	ide	[idɛ]
daarheen (bw)	oda	[odɒ]
hiervandaan (bw)	innen	[innɛn]
daarvandaan (bw)	onnan	[onnɒn]

dichtbij (bw)	közel	[køzɛl]
ver (bw)	messze	[mɛssɛ]
in de buurt (van ...)	mellett	[mɛllɛtt]
dichtbij (bw)	a közelben	[ɒ køzɛlbɛn]

niet ver (bw)	nem messze	[nɛm mɛssɛ]
linker (bn)	bal	[bɒl]
links (bw)	balra	[bɒlrɒ]
linksaf, naar links (bw)	balra	[bɒlrɒ]

rechter (bn)	jobb	[jobb]
rechts (bw)	jobbra	[jobbrɒ]
rechtsaf, naar rechts (bw)	jobbra	[jobbrɒ]

vooraan (bw)	elöl	[ɛløl]
voorste (bn)	elülső	[ɛlylʃøː]
vooruit (bw)	előre	[ɛløːrɛ]

achter (bw)	hátul	[haːtul]
van achteren (bw)	hátulról	[haːtulroːl]
achteruit (naar achteren)	hátra	[haːtrɒ]

| midden (het) | közép | [køzeːp] |
| in het midden (bw) | középen | [køzeːpɛn] |

opzij (bw)	oldalról	[oldɒlroːl]
overal (bw)	mindenütt	[mindɛnytt]
omheen (bw)	körül	[køryl]

binnenuit (bw)	belülről	[bɛlylrøːl]
naar ergens (bw)	valahova	[vɒlɒhovɒ]
rechtdoor (bw)	egyenesen	[ɛɟɛnɛʃɛn]
terug (bijv. ~ komen)	visszafelé	[vissɒfɛlɛː]

ergens vandaan (bw)	valahonnan	[vɒlɒhonnɒn]
ergens vandaan	valahonnan	[vɒlɒhonnɒn]
(en dit geld moet ~ komen)		

ten eerste (bw)	először	[ɛløːsør]
ten tweede (bw)	másodszor	[maːʃodsor]
ten derde (bw)	harmadszor	[hɒrmɒdsor]

plotseling (bw)	hirtelen	[hirtɛlɛn]
in het begin (bw)	eleinte	[ɛlɛintɛ]
voor de eerste keer (bw)	először	[ɛløːsør]
lang voor ... (bw)	jóval ... előtt	[joːvɒl ... ɛløːtt]
opnieuw (bw)	újra	[uːjrɒ]
voor eeuwig (bw)	mindörökre	[mindørøkrɛ]

nooit (bw)	soha	[ʃohɒ]
weer (bw)	ismét	[iʃmeːt]
nu (bw)	most	[moʃt]
vaak (bw)	gyakran	[ɟɒkrɒn]
toen (bw)	akkor	[ɒkkor]
urgent (bw)	sürgősen	[ʃyrgøːʃɛn]
meestal (bw)	általában	[aːltɒlaːbɒn]

trouwens, ...	apropó	[ɒpropoː]
(tussen haakjes)		
mogelijk (bw)	lehetséges	[lɛhɛtʃeːgɛʃ]
waarschijnlijk (bw)	valószínűleg	[vɒloːsiːnyːlɛg]

T&P Books. Thematische woordenschat Nederlands-Hongaars - 5000 woorden

misschien (bw)	talán	[tɒlɑ:n]
trouwens (bw)	azon kívül ...	[ɒzon ki:vyl]
daarom ...	ezért	[ɛze:rt]
in weerwil van ...	nek ellenére	[nɛk ɛllɛne:rɛ]
dankzij ...	... köszenhetően	[køsɛnhɛtø:ɛn]

wat (vn)	mi	[mi]
dat (vw)	ami	[ɒmi]
iets (vn)	valami	[vɒlɒmi]
iets	valami	[vɒlɒmi]
niets (vn)	semmi	[ʃɛmmi]

wie (~ is daar?)	ki	[ki]
iemand (een onbekende)	valaki	[vɒlɒki]
iemand	valaki	[vɒlɒki]
(een bepaald persoon)		

niemand (vn)	senki	[ʃɛŋki]
nergens (bw)	sehol	[ʃɛhol]
niemands (bn)	senkié	[ʃɛŋkie:]
iemands (bn)	valakié	[vɒlɒkie:]

zo (Ik ben ~ blij)	így	[i:ɟ]
ook (evenals)	is	[iʃ]
alsook (eveneens)	is	[iʃ]

18. Functiewoorden. Bijwoorden. Deel 2

Waarom?	Miért?	[mie:rt]
om een bepaalde reden	valamiért	[vɒlɒmie:rt]
omdat ...	azért, mert ...	[ɒze:rt], [mɛrt]
voor een bepaald doel	valamiért	[vɒlɒmie:rt]

en (vw)	és	[e:ʃ]
of (vw)	vagy	[vɒɟ]
maar (vw)	de	[dɛ]
voor (vz)	... céljából	[tse:jɑ:bo:l]

te (~ veel mensen)	túl	[tu:l]
alleen (bw)	csak	[tʃɒk]
precies (bw)	pontosan	[pontoʃɒn]
ongeveer (~ 10 kg)	körülbelül	[kørylbɛlyl]

omstreeks (bw)	körülbelül	[kørylbɛlyl]
bij benadering (bn)	megközelítő	[mɛgkøzɛli:tø:]
bijna (bw)	majdnem	[mɒjdnɛm]
rest (de)	a többi	[ɒ tøbbi]

elk (bn)	minden	[mindɛn]
om het even welk	bármilyen	[bɑ:rmijɛn]
veel (grote hoeveelheid)	sok	[ʃok]
veel mensen	sokan	[ʃokɒn]
iedereen (alle personen)	mindenki	[mindɛŋki]
in ruil voor ...	ért cserébe	[e:rt tʃɛre:bɛ]

23

in ruil (bw)	viszonzásul	[visonzaːʃul]
met de hand (bw)	kézzel	[keːzzɛl]
onwaarschijnlijk (bw)	aligha	[ɒlighɒ]
waarschijnlijk (bw)	valószínűleg	[vɒloːsiːnyːlɛg]
met opzet (bw)	szándékosan	[saːndeːkoʃɒn]
toevallig (bw)	véletlenül	[veːlɛtlɛnyl]
zeer (bw)	nagyon	[nɒɟøn]
bijvoorbeeld (bw)	például	[peːldaːul]
tussen (~ twee steden)	között	[køzøtt]
tussen (te midden van)	körében	[køreːbɛn]
zoveel (bw)	annyi	[ɒɲɲi]
vooral (bw)	különösen	[kylønøʃɛn]

Basisbegrippen Deel 2

19. Dagen van de week

maandag (de)	hétfő	[heːtføː]
dinsdag (de)	kedd	[kɛdd]
woensdag (de)	szerda	[sɛrdɒ]
donderdag (de)	csütörtök	[tʃytørtøk]
vrijdag (de)	péntek	[peːntɛk]
zaterdag (de)	szombat	[sombɒt]
zondag (de)	vasárnap	[vɒʃaːrnɒp]
vandaag (bw)	ma	[mɒ]
morgen (bw)	holnap	[holnɒp]
overmorgen (bw)	holnapután	[holnɒputaːn]
gisteren (bw)	tegnap	[tɛgnɒp]
eergisteren (bw)	tegnapelőtt	[tɛgnɒpɛløːtt]
dag (de)	nap	[nɒp]
werkdag (de)	munkanap	[muŋkɒnɒp]
feestdag (de)	ünnepnap	[ynnɛpnɒp]
verlofdag (de)	szabadnap	[sɒbɒdnɒp]
weekend (het)	hétvég	[heːtveːg]
de hele dag (bw)	egész nap	[ɛgeːs nɒp]
de volgende dag (bw)	másnap	[maːʃnɒp]
twee dagen geleden	két nappal ezelőtt	[keːt nɒppɒl ɛzɛløːtt]
aan de vooravond (bw)	az előző nap	[ɒz ɛløːzøː nɒp]
dag-, dagelijks (bn)	napi	[nɒpi]
elke dag (bw)	naponta	[nɒpontɒ]
week (de)	hét	[heːt]
vorige week (bw)	a múlt héten	[ɒ muːlt heːtɛn]
volgende week (bw)	a következő héten	[ɒ køvɛtkɛzøː heːtɛn]
wekelijks (bn)	heti	[hɛti]
elke week (bw)	hetente	[hɛtɛntɛ]
twee keer per week	kétszer hetente	[keːtsɛr hɛtɛntɛ]
elke dinsdag	minden kedd	[mindɛn kɛdd]

20. Uren. Dag en nacht

morgen (de)	reggel	[rɛggɛl]
's morgens (bw)	reggel	[rɛggɛl]
middag (de)	délidő	[deːlidøː]
's middags (bw)	délután	[deːlutaːn]
avond (de)	este	[ɛʃtɛ]
's avonds (bw)	este	[ɛʃtɛ]

nacht (de)	éjszak	[e:jsɒk]
's nachts (bw)	éjjel	[e:jjɛl]
middernacht (de)	éjfél	[e:jfe:l]

seconde (de)	másodperc	[ma:ʃodpɛrts]
minuut (de)	perc	[pɛrts]
uur (het)	óra	[o:rɒ]
halfuur (het)	félóra	[fe:lo:rɒ]
kwartier (het)	negyedóra	[nɛɟɛdo:rɒ]
vijftien minuten	tizenöt perc	[tizɛnøt pɛrts]
etmaal (het)	teljes nap	[tɛjɛʃ nɒp]

zonsopgang (de)	napkelte	[nɒpkɛltɛ]
dageraad (de)	virradat	[virrɒdɒt]
vroege morgen (de)	kora reggel	[korɒ rɛggɛl]
zonsondergang (de)	naplemente	[nɒplɛmɛntɛ]

's morgens vroeg (bw)	kora reggel	[korɒ rɛggɛl]
vanmorgen (bw)	ma reggel	[mɒ rɛggɛl]
morgenochtend (bw)	holnap reggel	[holnɒp rɛggɛl]

vanmiddag (bw)	ma nappal	[mɒ nɒppɒl]
's middags (bw)	délután	[de:luta:n]
morgenmiddag (bw)	holnap délután	[holnɒp de:luta:n]

| vanavond (bw) | ma este | [mɒ ɛʃtɛ] |
| morgenavond (bw) | holnap este | [holnɒp ɛʃtɛ] |

klokslag drie uur	pont három órakor	[pont ha:rom o:rɒkor]
ongeveer vier uur	körülbelül négy órakor	[kørylbɛlyl ne:ɟ o:rɒkor]
tegen twaalf uur	tizenkét órára	[tizɛŋke:t o:ra:rɒ]

over twintig minuten	húsz perc múlva	[hu:s pɛrts mu:lvɒ]
over een uur	egy óra múlva	[ɛɟ o:rɒ mu:lvɒ]
op tijd (bw)	időben	[idø:bɛn]

kwart voor ...	háromnegyed	[ha:romnɛɟɛd]
binnen een uur	egy óra folyamán	[ɛɟ: o:rɒ fojoma:n]
elk kwartier	minden tizenöt perc	[mindɛn tizɛnøt pɛrts]
de klok rond	éjjel nappal	[e:jjɛl nɒppɒl]

21. Maanden. Seizoenen

januari (de)	január	[jɒnua:r]
februari (de)	február	[fɛbrua:r]
maart (de)	március	[ma:rtsiuʃ]
april (de)	április	[a:priliʃ]
mei (de)	május	[ma:juʃ]
juni (de)	június	[ju:niuʃ]

juli (de)	július	[ju:liuʃ]
augustus (de)	augusztus	[ɒugustuʃ]
september (de)	szeptember	[sɛptɛmbɛr]
oktober (de)	október	[okto:bɛr]

T&P Books. Thematische woordenschat Nederlands-Hongaars - 5000 woorden

november (de)	november	[novɛmbɛr]
december (de)	december	[dɛtsɛmbɛr]

lente (de)	tavasz	[tɒvɒs]
in de lente (bw)	tavasszal	[tɒvɒssɒl]
lente- (abn)	tavaszi	[tɒvɒsi]

zomer (de)	nyár	[ɲaːr]
in de zomer (bw)	nyáron	[ɲaːron]
zomer-, zomers (bn)	nyári	[ɲaːri]

herfst (de)	ősz	[øːs]
in de herfst (bw)	ősszel	[øːssɛl]
herfst- (abn)	őszi	[øːsi]

winter (de)	tél	[teːl]
in de winter (bw)	télen	[teːlɛn]
winter- (abn)	téli	[teːli]

maand (de)	hónap	[hoːnɒp]
deze maand (bw)	ebben a hónapban	[ɛbbɛn ɒ hoːnɒpbɒn]
volgende maand (bw)	a következő hónapban	[ɒ køvɛtkɛzøː hoːnɒpbɒn]
vorige maand (bw)	a múlt hónapban	[ɒ muːlt hoːnɒpbɒn]

een maand geleden (bw)	egy hónappal ezelőtt	[ɛɟ hoːnɒppɒl ɛzɛløːtt]
over een maand (bw)	egy hónap múlva	[ɛɟ hoːnɒp muːlvɒ]
over twee maanden (bw)	két hónap múlva	[keːt hoːnɒp muːlvɒ]
de hele maand (bw)	az egész hónap	[ɒz ɛgeːs hoːnɒp]
een volle maand (bw)	az egész hónap	[ɒz ɛgeːs hoːnɒp]

maand-, maandelijks (bn)	havi	[hɒvi]
maandelijks (bw)	havonta	[hɒvontɒ]
elke maand (bw)	minden hónap	[mindɛn hoːnɒp]
twee keer per maand	kétszer havonta	[keːtsɛr hɒvontɒ]

jaar (het)	év	[eːv]
dit jaar (bw)	ebben az évben	[ɛbbɛn ɒz eːvbɛn]
volgend jaar (bw)	a következő évben	[ɒ køvɛtkɛzøː eːvbɛn]
vorig jaar (bw)	a múlt évben	[ɒ muːlt eːvbɛn]

een jaar geleden (bw)	egy évvel ezelőtt	[ɛɟ eːvvɛl ɛzɛløːtt]
over een jaar	egy év múlva	[ɛɟ eːv muːlvɒ]
over twee jaar	két év múlva	[keːt eːv muːlvɒ]
het hele jaar	az egész év	[ɒz ɛgeːs eːv]
een vol jaar	az egész év	[ɒz ɛgeːs eːv]

elk jaar	minden év	[mindɛn eːv]
jaar-, jaarlijks (bn)	évi	[eːvi]
jaarlijks (bw)	évente	[eːvɛntɛ]
4 keer per jaar	négyszer évente	[neːɟsɛr eːvɛntɛ]

datum (de)	nap	[nɒp]
datum (de)	dátum	[daːtum]
kalender (de)	naptár	[nɒptaːr]
een half jaar	fél év	[feːl eːv]
zes maanden	félév	[feːleːv]

| seizoen (bijv. lente, zomer) | évszak | [e:vsɒk] |
| eeuw (de) | század | [sa:zɒd] |

22. Meeteenheden

gewicht (het)	súly	[ʃu:j]
lengte (de)	hosszúság	[hossu:ʃa:g]
breedte (de)	szélesség	[se:lɛʃe:g]
hoogte (de)	magasság	[mɒgɒʃa:g]
diepte (de)	mélység	[me:jʃe:g]
volume (het)	térfogat	[te:rfogɒt]
oppervlakte (de)	terület	[tɛrylɛt]

gram (het)	gramm	[grɒmm]
milligram (het)	milligramm	[milligrɒmm]
kilogram (het)	kilógramm	[kilo:grɒmm]
ton (duizend kilo)	tonna	[tonnɒ]
pond (het)	font	[font]
ons (het)	uncia	[untsiɒ]

meter (de)	méter	[me:tɛr]
millimeter (de)	milliméter	[millime:tɛr]
centimeter (de)	centiméter	[tsɛntime:tɛr]
kilometer (de)	kilométer	[kilome:tɛr]
mijl (de)	mérföld	[me:rføld]

duim (de)	hüvelyk	[hyvɛjk]
voet (de)	láb	[la:b]
yard (de)	yard	[jard]

| vierkante meter (de) | négyzetméter | [ne:ɟzɛtme:tɛr] |
| hectare (de) | hektár | [hɛkta:r] |

liter (de)	liter	[litɛr]
graad (de)	fok	[fok]
volt (de)	volt	[volt]
ampère (de)	amper	[ɒmpɛr]
paardenkracht (de)	lóerő	[lo:ɛrø:]

hoeveelheid (de)	mennyiség	[mɛɲɲiʃe:g]
een beetje ...	egy kicsit ...	[ɛɟ: kitʃit]
helft (de)	fél	[fe:l]

| dozijn (het) | tucat | [tutsɒt] |
| stuk (het) | darab | [dɒrɒb] |

| afmeting (de) | méret | [me:rɛt] |
| schaal (bijv. ~ van 1 op 50) | lépték | [le:pte:k] |

minimaal (bn)	minimális	[minima:liʃ]
minste (bn)	legkisebb	[lɛgkiʃɛbb]
medium (bn)	közép	[køze:p]
maximaal (bn)	maximális	[mɒksima:liʃ]
grootste (bn)	legnagyobb	[lɛgnɒɟøbb]

23. Containers

glazen pot (de)	befőttes üveg	[bɛfø:tɛs yvɛg]
blik (conserven~)	bádogdoboz	[ba:dogdoboz]
emmer (de)	vödör	[vødør]
ton (bijv. regenton)	hordó	[hordo:]
ronde waterbak (de)	tál	[ta:l]
tank (bijv. watertank-70-ltr)	tartály	[tɒrta:j]
heupfles (de)	kulacs	[kulɒtʃ]
jerrycan (de)	kanna	[kɒnnɒ]
tank (bijv. ketelwagen)	ciszterna	[tsistɛrnɒ]
beker (de)	bögre	[bøgrɛ]
kopje (het)	csésze	[tʃe:sɛ]
schoteltje (het)	csészealj	[tʃe:sɛɒj]
glas (het)	pohár	[poha:r]
wijnglas (het)	borospohár	[borɒʃpoha:r]
pan (de)	lábas	[la:bɒʃ]
fles (de)	üveg	[yvɛg]
flessenhals (de)	nyak	[ɲɒk]
karaf (de)	butélia	[bute:liɒ]
kruik (de)	korsó	[korʃo:]
vat (het)	edény	[ɛde:ɲ]
pot (de)	köcsög	[køtʃøg]
vaas (de)	váza	[va:zɒ]
flacon (de)	kölnisüveg	[kølniʃyvɛg]
flesje (het)	üvegcse	[yvɛgtʃɛ]
tube (bijv. ~ tandpasta)	tubus	[tubuʃ]
zak (bijv. ~ aardappelen)	zsák	[ʒa:k]
tasje (het)	zacskó	[zɒtʃko:]
pakje (~ sigaretten, enz.)	csomag	[tʃomɒg]
doos (de)	doboz	[doboz]
kist (de)	láda	[la:dɒ]
mand (de)	kosár	[koʃa:r]

MENS

Mens. Het lichaam

24. Hoofd

hoofd (het)	fej	[fɛj]
gezicht (het)	arc	[ɒrts]
neus (de)	orr	[orr]
mond (de)	száj	[sa:j]
oog (het)	szem	[sɛm]
ogen (mv.)	szem	[sɛm]
pupil (de)	pupilla	[pupillɒ]
wenkbrauw (de)	szemöldök	[sɛmøldøk]
wimper (de)	szempilla	[sɛmpillɒ]
ooglid (het)	szemhéj	[sɛmhe:j]
tong (de)	nyelv	[ɲɛlv]
tand (de)	fog	[fog]
lippen (mv.)	ajak	[ɒjɒk]
jukbeenderen (mv.)	pofacsont	[pofɒtʃont]
tandvlees (het)	íny	[i:ɲ]
gehemelte (het)	szájpadlás	[sa:jpɒdla:ʃ]
neusgaten (mv.)	orrlyuk	[orrjuk]
kin (de)	áll	[a:ll]
kaak (de)	állkapocs	[a:llkɒpotʃ]
wang (de)	orca	[ortsɒ]
voorhoofd (het)	homlok	[homlok]
slaap (de)	halánték	[hɒla:nte:k]
oor (het)	fül	[fyl]
achterhoofd (het)	tarkó	[tɒrko:]
hals (de)	nyak	[ɲɒk]
keel (de)	torok	[torok]
haren (mv.)	haj	[hɒj]
kapsel (het)	frizura	[frizurɒ]
haarsnit (de)	hajvágás	[hɒjva:ga:ʃ]
pruik (de)	paróka	[pɒro:kɒ]
snor (de)	bajusz	[bɒjus]
baard (de)	szakáll	[sɒka:ll]
dragen (een baard, enz.)	visel	[viʃɛl]
vlecht (de)	copf	[tsopf]
bakkebaarden (mv.)	pofaszakáll	[pofɒsɒka:ll]
ros (roodachtig, rossig)	vörös hajú	[vørøʃ hɒju:]
grijs (~ haar)	ősz hajú	[ø:s hɒju:]

kaal (bn)	kopasz	[kopɒs]
kale plek (de)	kopaszság	[kopɒʃaːg]
paardenstaart (de)	lófarok	[loːfɒrok]
pony (de)	sörény	[ʃøreːɲ]

25. Menselijk lichaam

hand (de)	kéz, kézfej	[keːz], [keːsfɛj]
arm (de)	kar	[kɒr]
vinger (de)	ujj	[ujj]
duim (de)	hüvelykujj	[hyvɛjkujj]
pink (de)	kisujj	[kiʃujj]
nagel (de)	köröm	[kørøm]
vuist (de)	ököl	[økøl]
handpalm (de)	tenyér	[tɛneːr]
pols (de)	csukló	[tʃukloː]
voorarm (de)	alkar	[ɒlkɒr]
elleboog (de)	könyök	[køɲøk]
schouder (de)	váll	[vaːll]
been (rechter ~)	láb	[laːb]
voet (de)	talp	[tɒlp]
knie (de)	térd	[teːrd]
kuit (de)	lábikra	[laːbikrɒ]
heup (de)	csípő	[tʃiːpøː]
hiel (de)	sarok	[ʃɒrok]
lichaam (het)	test	[tɛʃt]
buik (de)	has	[hɒʃ]
borst (de)	mell	[mɛll]
borst (de)	mell	[mɛll]
zijde (de)	oldal	[oldɒl]
rug (de)	hát	[haːt]
lage rug (de)	derék	[dɛreːk]
taille (de)	derék	[dɛreːk]
navel (de)	köldök	[køldøk]
billen (mv.)	far	[fɒr]
achterwerk (het)	fenék	[fɛneːk]
huidvlek (de)	anyajegy	[ɒɲɒjɛɟ]
tatoeage (de)	tetoválás	[tɛtovaːlaːʃ]
litteken (het)	forradás	[forrɒdaːʃ]

Kleding en accessoires

26. Bovenkleding. Jassen

kleren (mv.)	ruha	[ruhɒ]
bovenkleding (de)	felsőruha	[fɛlʃø:ruhɒ]
winterkleding (de)	téli ruha	[te:li ruhɒ]
jas (de)	kabát	[kɒba:t]
bontjas (de)	bunda	[bundɒ]
bontjasje (het)	bekecs	[bɛkɛtʃ]
donzen jas (de)	pehelykabát	[pɛhɛj kɒba:t]
jasje (bijv. een leren ~)	zeke	[zɛkɛ]
regenjas (de)	ballonkabát	[bɒllɒŋkɒba:t]
waterdicht (bn)	vízhatlan	[vi:zhɒtlɒn]

27. Heren & dames kleding

overhemd (het)	ing	[iŋg]
broek (de)	nadrág	[nɒdra:g]
jeans (de)	farmernadrág	[fɒrmɛrnɒdra:g]
colbert (de)	zakó	[zɒko:]
kostuum (het)	kosztüm	[kostym]
jurk (de)	ruha	[ruhɒ]
rok (de)	szoknya	[sokɲɒ]
blouse (de)	blúz	[blu:z]
wollen vest (de)	kardigán	[kɒrdiga:n]
blazer (kort jasje)	blézer	[ble:zɛr]
T-shirt (het)	trikó	[triko:]
shorts (mv.)	rövidnadrág	[røvidnɒdra:g]
trainingspak (het)	sportruha	[ʃportruhɒ]
badjas (de)	köntös	[køntøʃ]
pyjama (de)	pizsama	[piʒɒmɒ]
sweater (de)	pulóver	[pulo:vɛr]
pullover (de)	pulóver	[pulo:vɛr]
gilet (het)	mellény	[mɛlle:ɲ]
rokkostuum (het)	frakk	[frɒkk]
smoking (de)	szmoking	[smokiŋg]
uniform (het)	egyenruha	[ɛɟɛnruhɒ]
werkkleding (de)	munkaruha	[muŋkɒruhɒ]
overall (de)	kezeslábas	[kɛzɛʃla:bɒʃ]
doktersjas (de)	köpeny	[køpɛɲ]

28. Kleding. Ondergoed

ondergoed (het)	fehérnemű	[fɛhe:rnɛmy:]
onderhemd (het)	alsóing	[ɒlʃo:iŋg]
sokken (mv.)	zokni	[zokni]
nachthemd (het)	hálóing	[ha:lo:iŋg]
beha (de)	melltartó	[mɛlltɒrto:]
kniekousen (mv.)	térdzokni	[te:rdzokni]
panty (de)	harisnya	[hɒriʃɲɒ]
nylonkousen (mv.)	harisnya	[hɒriʃɲɒ]
badpak (het)	fürdőruha	[fyrdø:ruhɒ]

29. Hoofddeksels

hoed (de)	sapka	[ʃɒpkɒ]
deukhoed (de)	kalap	[kɒlɒp]
honkbalpet (de)	baseball sapka	[bɛjsbɒll ʃɒpkɒ]
kleppet (de)	sport sapka	[ʃport ʃɒpkɒ]
baret (de)	svájci sapka	[ʃva:jtsi ʃɒpkɒ]
kap (de)	csuklya	[tʃuk jɒ]
panamahoed (de)	panamakalap	[pɒnɒmɒ kɒlɒp]
gebreide muts (de)	kötött sapka	[køtøtt ʃɒpkɒ]
hoofddoek (de)	kendő	[kɛndø:]
dameshoed (de)	női kalap	[nø:i kɒlɒp]
veiligheidshelm (de)	sisak	[ʃiʃɒk]
veldmuts (de)	pilótasapka	[pilo:tɒ ʃɒpkɒ]
helm, valhelm (de)	sisak	[ʃiʃɒk]
bolhoed (de)	keménykalap	[kɛme:ɲkɒlɒp]

30. Schoeisel

schoeisel (het)	cipő	[tsipø:]
schoenen (mv.)	bakancs	[bɒkɒntʃ]
vrouwenschoenen (mv.)	félcipő	[fe:ltsipø:]
laarzen (mv.)	csizma	[tʃizmɒ]
pantoffels (mv.)	papucs	[pɒputʃ]
sportschoenen (mv.)	edzőcipő	[ɛdzø:tsipø:]
sneakers (mv.)	tornacipő	[tɒrnɒtsipø:]
sandalen (mv.)	szandál	[sɒnda:l]
schoenlapper (de)	cipész	[tsipe:s]
hiel (de)	sarok	[ʃɒrok]
paar (een ~ schoenen)	pár	[pa:r]
veter (de)	cipőfűző	[tsipø:fy:zø:]
rijgen (schoenen ~)	befűz	[bɛfy:z]

schoenlepel (de)　　　　　　cipőkanál　　　　　　　　[tsipø:kɒna:l]
schoensmeer (de/het)　　　　cipőkrém　　　　　　　　[tsipø:kre:m]

31. Persoonlijke accessoires

Nederlands	Hongaars	Uitspraak
handschoenen (mv.)	kesztyű	[kɛscy:]
wanten (mv.)	egyujjas kesztyű	[ɛɟujjɒʃ kɛscy:]
sjaal (fleece ~)	sál	[ʃɑ:l]
bril (de)	szemüveg	[sɛmyvɛg]
brilmontuur (het)	keret	[kɛrɛt]
paraplu (de)	esernyő	[ɛʃɛrɲø:]
wandelstok (de)	sétabot	[ʃe:tɒbot]
haarborstel (de)	hajkefe	[hɒjkɛfɛ]
waaier (de)	legyező	[lɛɟɛzø:]
das (de)	nyakkendő	[ɲɒkkɛndø:]
strikje (het)	csokornyakkendő	[ʧokorɲɒkkɛndø:]
bretels (mv.)	nadrágtartó	[nɒdra:gtɒrto:]
zakdoek (de)	zsebkendő	[ʒɛbkɛndø:]
kam (de)	fésű	[fe:ʃy:]
haarspeldje (het)	hajcsat	[hɒjʧɒt]
schuifspeldje (het)	hajtű	[hɒjty:]
gesp (de)	csat	[ʧɒt]
broekriem (de)	öv	[øv]
draagriem (de)	táskaszíj	[ta:ʃkɒsi:j]
handtas (de)	táska	[ta:ʃkɒ]
damestas (de)	kézitáska	[ke:zita:ʃkɒ]
rugzak (de)	hátizsák	[ha:tiʒa:k]

32. Kleding. Diversen

Nederlands	Hongaars	Uitspraak
mode (de)	divat	[divɒt]
de mode (bn)	divatos	[divɒtoʃ]
kledingstilist (de)	divattervező	[divɒt tɛrvɛzø:]
kraag (de)	gallér	[gɒlle:r]
zak (de)	zseb	[ʒɛb]
zak- (abn)	zseb	[ʒɛb]
mouw (de)	ruhaujj	[ruhɒujj]
lusje (het)	akasztó	[ɒkɒsto:]
gulp (de)	slicc	[ʃlits]
rits (de)	cipzár	[tsipza:r]
sluiting (de)	kapocs	[kɒpoʧ]
knoop (de)	gomb	[gomb]
knoopsgat (het)	gomblyuk	[gombjuk]
losraken (bijv. knopen)	elszakad	[ɛlsɒkɒd]
naaien (kleren, enz.)	varr	[vɒrr]

borduren (ww)	hímez	[hi:mɛz]
borduursel (het)	hímzés	[hi:mze:ʃ]
naald (de)	tű	[ty:]
draad (de)	cérna	[tse:rnɒ]
naad (de)	varrás	[vɒrra:ʃ]

vies worden (ww)	bepiszkolódik	[bɛpiskolo:dik]
vlek (de)	folt	[folt]
gekreukt raken (ov. kleren)	gyűrődik	[ɟy:rø:dik]
scheuren (ov.ww.)	megszakad	[mɛgsɒkɒd]
mot (de)	molylepke	[mojlɛpkɛ]

33. Persoonlijke verzorging. Schoonheidsmiddelen

tandpasta (de)	fogkrém	[fogkre:m]
tandenborstel (de)	fogkefe	[fokkɛfɛ]
tanden poetsen (ww)	fogat mos	[fogɒt moʃ]

scheermes (het)	borotva	[borotvɒ]
scheerschuim (het)	borotvakrém	[borotvɒkre:m]
zich scheren (ww)	borotválkozik	[borotva:lkozik]

| zeep (de) | szappan | [sɒppɒn] |
| shampoo (de) | sampon | [ʃɒmpon] |

schaar (de)	olló	[ollo:]
nagelvijl (de)	körömreszelő	[kørømrɛsɛlø:]
nagelknipper (de)	körömvágó	[kørømva:go:]
pincet (het)	csipesz	[tʃipɛs]

cosmetica (mv.)	kozmetika	[kozmɛtikɒ]
masker (het)	maszk	[mɒsk]
manicure (de)	manikűr	[mɒniky:r]
manicure doen	manikűrözik	[mɒniky:røzik]
pedicure (de)	pedikűr	[pɛdiky:r]

cosmetica tasje (het)	piperetáska	[pipɛrɛta:ʃkɒ]
poeder (de/het)	púder	[pu:dɛr]
poederdoos (de)	púderdoboz	[pu:dɛrdoboz]
rouge (de)	arcpirosító	[ɒrtspiroʃi:to:]

parfum (de/het)	illatszer	[illɒtsɛr]
eau de toilet (de)	parfüm	[pɒrfym]
lotion (de)	arcápoló	[ɒrtsa:polo:]
eau de cologne (de)	kölnivíz	[kølnivi:z]

oogschaduw (de)	szemhéjfesték	[sɛmhe:jfɛʃte:k]
oogpotlood (het)	szemceruza	[sɛmtsɛruzɒ]
mascara (de)	szempillafesték	[sɛmpillɒfɛʃte:k]

lippenstift (de)	rúzs	[ru:ʒ]
nagellak (de)	körömlakk	[kørømlɒkk]
haarlak (de)	hajrögzítő	[hɒjrøgzi:tø:]
deodorant (de)	dezodor	[dɛzodor]

crème (de)	krém	[kre:m]
gezichtscrème (de)	arckrém	[ɒrtskre:m]
handcrème (de)	kézkrém	[ke:skre:m]
antirimpelcrème (de)	ránc elleni krém	[ra:nts ɛllɛni kre:m]
dag- (abn)	nappali	[nɒppɒli]
nacht- (abn)	éjjeli	[e:jjɛli]

tampon (de)	tampon	[tɒmpon]
toiletpapier (het)	vécépapír	[ve:tse:pɒpi:r]
föhn (de)	hajszárító	[hɒjsa:ri:to:]

34. Horloges. Klokken

polshorloge (het)	karóra	[kɒro:rɒ]
wijzerplaat (de)	számlap	[sa:mlɒp]
wijzer (de)	mutató	[mutɒto:]
metalen horlogeband (de)	karkötő	[kɒrkøtø:]
horlogebandje (het)	óraszíj	[o:rɒsi:j]

batterij (de)	elem	[ɛlɛm]
leeg zijn (ww)	lemerül	[lɛmɛryl]
batterij vervangen	kicseréli az elemet	[kitʃɛre:li ɒz ɛlɛmɛt]
voorlopen (ww)	siet	[ʃiɛt]
achterlopen (ww)	késik	[ke:ʃik]

wandklok (de)	fali óra	[fɒli o:rɒ]
zandloper (de)	homokóra	[homoko:rɒ]
zonnewijzer (de)	napóra	[nɒpo:rɒ]
wekker (de)	ébresztőóra	[e:brɛstø:o:rɒ]
horlogemaker (de)	órás	[o:ra:ʃ]
repareren (ww)	javít	[jɒvi:t]

Voedsel. Voeding

35. Voedsel

vlees (het)	hús	[hu:ʃ]
kip (de)	csirke	[tʃirkɛ]
kuiken (het)	csirke	[tʃirkɛ]
eend (de)	kacsa	[kɒtʃɒ]
gans (de)	liba	[libɒ]
wild (het)	vadhús	[vɒdhu:ʃ]
kalkoen (de)	pulyka	[pujkɒ]
varkensvlees (het)	sertés	[ʃɛrte:ʃ]
kalfsvlees (het)	borjúhús	[borju:hu:ʃ]
schapenvlees (het)	birkahús	[birkɒhu:ʃ]
rundvlees (het)	marhahús	[mɒrhɒhu:ʃ]
konijnenvlees (het)	nyúl	[ɲu:l]
worst (de)	kolbász	[kolba:s]
saucijs (de)	virsli	[virʃli]
spek (het)	húsos szalonna	[hu:ʃoʃ sɒlonnɒ]
ham (de)	sonka	[ʃoŋkɒ]
gerookte achterham (de)	sonka	[ʃoŋkɒ]
paté (de)	pástétom	[pa:ʃte:tom]
lever (de)	máj	[ma:j]
gehakt (het)	darált hús	[dɒra:lt hu:ʃ]
tong (de)	nyelv	[ɲɛlv]
ei (het)	tojás	[toja:ʃ]
eieren (mv.)	tojások	[toja:ʃok]
eiwit (het)	tojásfehérje	[toja:ʃfɛhe:rjɛ]
eigeel (het)	tojássárgája	[toja:ʃa:rga:jɒ]
vis (de)	hal	[hɒl]
zeevruchten (mv.)	tenger gyümölcsei	[tɛŋgɛr ɟymøltʃɛi]
kaviaar (de)	halikra	[hɒlikrɒ]
krab (de)	tarisznyarák	[tɒrisɲɒra:k]
garnaal (de)	garnélarák	[gɒrne:lɒra:k]
oester (de)	osztriga	[ostrigɒ]
langoest (de)	languszta	[lɒŋgustɒ]
octopus (de)	nyolckarú polip	[ɲoltskɒru: polip]
inktvis (de)	kalmár	[kɒlma:r]
steur (de)	tokhal	[tokhɒl]
zalm (de)	lazac	[lɒzɒts]
heilbot (de)	óriás laposhal	[o:ria:ʃ lɒpoʃhɒl]
kabeljauw (de)	tőkehal	[tø:kɛhɒl]
makreel (de)	makréla	[mɒkre:lɒ]

| tonijn (de) | tonhal | [tonhɒl] |
| paling (de) | angolna | [ɒŋgolnɒ] |

forel (de)	pisztráng	[pistra:ŋg]
sardine (de)	szardínia	[sɒrdi:niɒ]
snoek (de)	csuka	[ʧukɒ]
haring (de)	hering	[hɛriŋg]

brood (het)	kenyér	[kɛne:r]
kaas (de)	sajt	[ʃɒjt]
suiker (de)	cukor	[tsukor]
zout (het)	só	[ʃo:]

rijst (de)	rizs	[riʒ]
pasta (de)	makaróni	[mɒkɒro:ni]
noedels (mv.)	metélttészta	[mɛte:ltte:stɒ]

boter (de)	vaj	[vɒj]
plantaardige olie (de)	olaj	[olɒj]
zonnebloemolie (de)	napraforgóolaj	[nɒprɒforgo:olɒj]
margarine (de)	margarin	[mɒrgɒrin]

| olijven (mv.) | olajbogyó | [olɒjbo̞ɟø:] |
| olijfolie (de) | olívaolaj | [oli:vɒ olɒj] |

melk (de)	tej	[tɛj]
gecondenseerde melk (de)	sűrített tej	[ʃy:ri:tɛtt tɛj]
yoghurt (de)	joghurt	[jogurt]
zure room (de)	tejföl	[tɛjføl]
room (de)	tejszín	[tɛjsi:n]

| mayonaise (de) | majonéz | [mɒjone:z] |
| crème (de) | krém | [kre:m] |

graan (het)	dara	[dɒrɒ]
meel (het), bloem (de)	liszt	[list]
conserven (mv.)	konzerv	[konzɛrv]

maïsvlokken (mv.)	kukoricapehely	[kukoritsɒpɛhɛj]
honing (de)	méz	[me:z]
jam (de)	dzsem	[ʤɛm]
kauwgom (de)	rágógumi	[ra:go:gumi]

36. Drankjes

water (het)	víz	[vi:z]
drinkwater (het)	ivóvíz	[ivo:vi:z]
mineraalwater (het)	ásványvíz	[a:ʃva:ɲvi:z]

zonder gas	szóda nélkül	[so:dɒ ne:lkyl]
koolzuurhoudend (bn)	szóda	[so:dɒ]
bruisend (bn)	szóda	[so:dɒ]
ijs (het)	jég	[je:g]
met ijs	jeges	[jɛgɛʃ]

alcohol vrij (bn)	alkoholmentes	[ɒlkoholmɛntɛʃ]
alcohol vrije drank (de)	alkoholmentes ital	[ɒlkoholmɛntɛʃ itɒl]
frisdrank (de)	üdítő	[y:di:tø:]
limonade (de)	limonádé	[limona:de:]

alcoholische dranken (mv.)	szeszesitalok	[sɛsɛʃitɒlok]
wijn (de)	bor	[bor]
witte wijn (de)	fehérbor	[fɛhe:rbor]
rode wijn (de)	vörösbor	[vørøʃbor]

likeur (de)	likőr	[likø:r]
champagne (de)	pezsgő	[pɛʒgø:]
vermout (de)	vermut	[vɛrmut]

whisky (de)	whisky	[viski]
wodka (de)	vodka	[vodkɒ]
gin (de)	gin	[dʒin]
cognac (de)	konyak	[koɲɒk]
rum (de)	rum	[rum]

koffie (de)	kávé	[ka:ve:]
zwarte koffie (de)	feketekávé	[fɛkɛtɛ ka:ve:]
koffie (de) met melk	tejeskávé	[tɛjɛʃka:ve:]
cappuccino (de)	tejszínes kávé	[tɛjsi:nɛʃ ka:ve:]
oploskoffie (de)	neszkávé	[nɛska:ve:]

melk (de)	tej	[tɛj]
cocktail (de)	koktél	[kokte:l]
milkshake (de)	tejkoktél	[tɛjkokte:l]

sap (het)	lé	[le:]
tomatensap (het)	paradicsomlé	[pɒrɒditʃomle:]
sinaasappelsap (het)	narancslé	[nɒrɒntʃle:]
vers geperst sap (het)	frissen kifacsart lé	[friʃɛn kifɒtʃɒrt le:]

bier (het)	sör	[ʃør]
licht bier (het)	világos sör	[vila:goʃ ʃør]
donker bier (het)	barna sör	[bɒrnɒ ʃør]

thee (de)	tea	[tɛɒ]
zwarte thee (de)	feketetea	[fɛkɛtɛ tɛɒ]
groene thee (de)	zöldtea	[zølt tɛɒ]

37. Groenten

groenten (mv.)	zöldségek	[zøldʃe:gɛk]
verse kruiden (mv.)	zöldség	[zøldʃe:g]

tomaat (de)	paradicsom	[pɒrɒditʃom]
augurk (de)	uborka	[uborkɒ]
wortel (de)	sárgarépa	[ʃa:rgɒre:pɒ]
aardappel (de)	krumpli	[krumpli]
ui (de)	hagyma	[hɒɟmɒ]
knoflook (de)	fokhagyma	[fokhɒɟmɒ]

kool (de)	káposzta	[kaːpostɒ]
bloemkool (de)	karfiol	[kɒrfiol]
spruitkool (de)	kelbimbó	[kɛlbimboː]
broccoli (de)	brokkoli	[brokkoli]

rode biet (de)	cékla	[tseːklɒ]
aubergine (de)	padlizsán	[pɒdliʒaːn]
courgette (de)	cukkini	[tsukkini]
pompoen (de)	tök	[tøk]
raap (de)	répa	[reːpɒ]

peterselie (de)	petrezselyem	[pɛtrɛʒɛjɛm]
dille (de)	kapor	[kɒpor]
sla (de)	saláta	[ʃɒlaːtɒ]
selderij (de)	zeller	[zɛllɛr]
asperge (de)	spárga	[ʃpaːrgɒ]
spinazie (de)	spenót	[ʃpɛnoːt]

erwt (de)	borsó	[borʃoː]
bonen (mv.)	bab	[bɒb]
maïs (de)	kukorica	[kukoritsɒ]
nierboon (de)	bab	[bɒb]

peper (de)	paprika	[pɒprikɒ]
radijs (de)	hónapos retek	[hoːnɒpoʃ rɛtɛk]
artisjok (de)	articsóka	[ɒrtiʧoːkɒ]

38. Vruchten. Noten

vrucht (de)	gyümölcs	[ɟymølʧ]
appel (de)	alma	[ɒlmɒ]
peer (de)	körte	[kørtɛ]
citroen (de)	citrom	[tsitrom]
sinaasappel (de)	narancs	[nɒrɒnʧ]
aardbei (de)	eper	[ɛpɛr]

mandarijn (de)	mandarin	[mɒndɒrin]
pruim (de)	szilva	[silvɒ]
perzik (de)	őszibarack	[øːsibɒrɒtsk]
abrikoos (de)	sárgabarack	[ʃaːrgɒbɒrɒtsk]
framboos (de)	málna	[maːlnɒ]
ananas (de)	ananász	[ɒnɒnaːs]

banaan (de)	banán	[bɒnaːn]
watermeloen (de)	görögdinnye	[gørøgdiɲɲɛ]
druif (de)	szőlő	[søːløː]
zure kers (de)	meggy	[mɛɟɟ]
zoete kers (de)	cseresznye	[ʧɛrɛsɲɛ]
meloen (de)	dinnye	[diɲɲɛ]

grapefruit (de)	citrancs	[tsitrɒnʧ]
avocado (de)	avokádó	[ɒvokaːdoː]
papaja (de)	papaya	[pɒpɒjɒ]
mango (de)	mangó	[mɒŋgoː]

granaatappel (de)	gránátalma	[graːnaːtɔlmɒ]
rode bes (de)	pirosribizli	[pirɔʃribizli]
zwarte bes (de)	feketeribizli	[fɛkɛtɛ ribizli]
kruisbes (de)	egres	[ɛgrɛʃ]
blauwe bosbes (de)	fekete áfonya	[fɛkɛtɛ aːfoɲɒ]
braambes (de)	szeder	[sɛdɛr]
rozijn (de)	mazsola	[mɒʒolɒ]
vijg (de)	füge	[fygɛ]
dadel (de)	datolya	[dɒtojɒ]
pinda (de)	földimogyoró	[føldimoɟøroː]
amandel (de)	mandula	[mɒndulɒ]
walnoot (de)	dió	[dioː]
hazelnoot (de)	mogyoró	[moɟøroː]
kokosnoot (de)	kókuszdió	[koːkusdioː]
pistaches (mv.)	pisztácia	[pistaːtsiɒ]

39. Brood. Snoep

suikerbakkerij (de)	édesipari áruk	[eːdɛʃipɒri aːruk]
brood (het)	kenyér	[kɛneːr]
koekje (het)	sütemény	[ʃytɛmeːɲ]
chocolade (de)	csokoládé	[tʃokolaːdeː]
chocolade- (abn)	csokoládé	[tʃokolaːdeː]
snoepje (het)	cukorka	[tsukorkɒ]
cakeje (het)	torta	[tortɒ]
taart (bijv. verjaardags~)	torta	[tortɒ]
pastei (de)	töltött lepény	[tøltøtt lɛpeːɲ]
vulling (de)	töltelék	[tøltɛleːk]
confituur (de)	lekvár	[lɛkvaːr]
marmelade (de)	gyümölcszselé	[ɟymøltʃ ʒɛleː]
wafel (de)	ostya	[oʃcɒ]
ijsje (het)	fagylalt	[fɒɟlɒlt]

40. Bereide gerechten

gerecht (het)	étel	[eːtɛl]
keuken (bijv. Franse ~)	konyha	[koɲhɒ]
recept (het)	recept	[rɛtsɛpt]
portie (de)	adag	[ɒdɒg]
salade (de)	saláta	[ʃɒlaːtɒ]
soep (de)	leves	[lɛvɛʃ]
bouillon (de)	erőleves	[ɛrøːlɛvɛʃ]
boterham (de)	szendvics	[sɛndvitʃ]
spiegelei (het)	tojásrántotta	[tojaːʃraːntottɒ]
hamburger (de)	hamburger	[hɒmburgɛr]

biefstuk (de)	bifsztek	[bifstɛk]
garnering (de)	köret	[kørɛt]
spaghetti (de)	spagetti	[ʃpɒgɛtti]
aardappelpuree (de)	burgonyapüré	[burgoɲɒpyre:]
pizza (de)	pizza	[pitsɒ]
pap (de)	kása	[ka:ʃɒ]
omelet (de)	tojáslepény	[toja:ʃlɛpe:ɲ]
gekookt (in water)	főtt	[fø:tt]
gerookt (bn)	füstölt	[fyʃtølt]
gebakken (bn)	sült	[ʃylt]
gedroogd (bn)	aszalt	[ɒsɒlt]
diepvries (bn)	fagyasztott	[fɒɟostott]
gemarineerd (bn)	ecetben eltett	[ɛtsɛtbɛn ɛltɛtt]
zoet (bn)	édes	[e:dɛʃ]
gezouten (bn)	sós	[ʃo:ʃ]
koud (bn)	hideg	[hidɛg]
heet (bn)	meleg	[mɛlɛg]
bitter (bn)	keserű	[kɛʃɛry:]
lekker (bn)	finom	[finom]
koken (in kokend water)	főz	[fø:z]
bereiden (avondmaaltijd ~)	készít	[ke:si:t]
bakken (ww)	süt	[ʃyt]
opwarmen (ww)	melegít	[mɛlɛgi:t]
zouten (ww)	sóz	[ʃo:z]
peperen (ww)	borsoz	[borʃoz]
raspen (ww)	reszel	[rɛsɛl]
schil (de)	héj	[he:j]
schillen (ww)	hámoz	[ha:moz]

41. Kruiden

zout (het)	só	[ʃo:]
gezouten (bn)	sós	[ʃo:ʃ]
zouten (ww)	sóz	[ʃo:z]
zwarte peper (de)	feketebors	[fɛkɛtɛ borʃ]
rode peper (de)	pirospaprika	[piroʃpɒprikɒ]
mosterd (de)	mustár	[muʃta:r]
mierikswortel (de)	torma	[tormɒ]
condiment (het)	fűszer	[fy:sɛr]
specerij, kruiderij (de)	fűszer	[fy:sɛr]
saus (de)	szósz	[so:s]
azijn (de)	ecet	[ɛtsɛt]
anijs (de)	ánizs	[a:niʃ]
basilicum (de)	bazsalikom	[bɒʒɒlikom]
kruidnagel (de)	szegfű	[sɛgfy:]
gember (de)	gyömbér	[ɟømbe:r]
koriander (de)	koriander	[koriɒndɛr]

kaneel (de/het)	fahéj	[fɒheːj]
sesamzaad (het)	szezámmag	[sɛzaːmmɒg]
laurierblad (het)	babérlevél	[bɒbeːrlɛveːl]
paprika (de)	paprika	[pɒprikɒ]
komijn (de)	kömény	[kømeːɲ]
saffraan (de)	sáfrány	[ʃaːfraːɲ]

42. Maaltijden

eten (het)	étel	[eːtɛl]
eten (ww)	eszik	[ɛsik]
ontbijt (het)	reggeli	[rɛggɛli]
ontbijten (ww)	reggelizik	[rɛggɛlizik]
lunch (de)	ebéd	[ɛbeːd]
lunchen (ww)	ebédel	[ɛbeːdɛl]
avondeten (het)	vacsora	[vɒtʃorɒ]
souperen (ww)	vacsorázik	[vɒtʃoraːzik]
eetlust (de)	étvágy	[eːtvaːɟ]
Eet smakelijk!	Jó étvágyat!	[joː eːtvaːɟot]
openen (een fles ~)	nyit	[ɲit]
morsen (koffie, enz.)	kiönt	[kiønt]
zijn gemorst	kiömlik	[kiømlik]
koken (water kookt bij 100°C)	forr	[forr]
koken (Hoe om water te ~)	forral	[forrɒl]
gekookt (~ water)	forralt	[forrɒlt]
afkoelen (koeler maken)	lehűt	[lɛhyːt]
afkoelen (koeler worden)	lehűl	[lɛhyːl]
smaak (de)	íz	[iːz]
nasmaak (de)	utóíz	[utoːiːz]
volgen een dieet	lefogy	[lɛfoɟ]
dieet (het)	diéta	[dieːtɒ]
vitamine (de)	vitamin	[vitɒmin]
calorie (de)	kalória	[kɒloːriɒ]
vegetariër (de)	vegetáriánus	[vɛgɛtaːriaːnuʃ]
vegetarisch (bn)	vegetáriánus	[vɛgɛtaːriaːnuʃ]
vetten (mv.)	zsír	[ʒiːr]
eiwitten (mv.)	fehérje	[fɛheːrjɛ]
koolhydraten (mv.)	szénhidrát	[seːnhidraːt]
snede (de)	szelet	[sɛlɛt]
stuk (bijv. een ~ taart)	szelet	[sɛlɛt]
kruimel (de)	morzsa	[morʒɒ]

43. Tafelschikking

lepel (de)	kanál	[kɒnaːl]
mes (het)	kés	[keːʃ]

vork (de)	villa	[villɒ]
kopje (het)	csésze	[tʃeːsɛ]
bord (het)	tányér	[taːneːr]
schoteltje (het)	csészealj	[tʃeːsɛɒj]
servet (het)	szalvéta	[sɒlveːtɒ]
tandenstoker (de)	fogpiszkáló	[fokpiskaːloː]

44. Restaurant

restaurant (het)	étterem	[eːttɛrɛm]
koffiehuis (het)	kávézó	[kaːveːzoː]
bar (de)	bár	[baːr]
tearoom (de)	tea szalon	[tɛɒ sɒlon]
kelner, ober (de)	pincér	[pintseːr]
serveerster (de)	pincérnő	[pintseːrnøː]
barman (de)	bármixer	[baːrmiksɛr]
menu (het)	étlap	[eːtlɒp]
wijnkaart (de)	borlap	[borlɒp]
een tafel reserveren	asztalt foglal	[ɒstɒlt foglɒl]
gerecht (het)	étel	[eːtɛl]
bestellen (eten ~)	rendel	[rɛndɛl]
een bestelling maken	rendel	[rɛndɛl]
aperitief (de/het)	aperitif	[ɒpɛritif]
voorgerecht (het)	előétel	[ɛløːeːtɛl]
dessert (het)	desszert	[dɛssɛrt]
rekening (de)	számla	[saːmlɒ]
de rekening betalen	számlát fizet	[saːmlaːt fizɛt]
wisselgeld teruggeven	visszajáró pénzt ad	[vissɒjaːroː peːnzt ɒd]
fooi (de)	borravaló	[borrɒvɒloː]

Familie, verwanten en vrienden

45. Persoonlijke informatie. Formulieren

naam (de)	név	[ne:v]
achternaam (de)	vezetéknév	[vɛzɛte:k ne:v]
geboortedatum (de)	születési dátum	[sylɛte:ʃi da:tum]
geboorteplaats (de)	születési hely	[sylɛte:ʃi hɛj]
nationaliteit (de)	nemzetiség	[nɛmzɛtiʃe:g]
woonplaats (de)	lakcím	[lɒktsi:m]
land (het)	ország	[orsa:g]
beroep (het)	foglalkozás	[foglɒlkoza:ʃ]
geslacht (ov. het vrouwelijk ~)	nem	[nɛm]
lengte (de)	magasság	[mɒgɒʃa:g]
gewicht (het)	súly	[ʃu:j]

46. Familieleden. Verwanten

moeder (de)	anya	[ɒɲɒ]
vader (de)	apa	[ɒpɒ]
zoon (de)	fiú	[fiu:]
dochter (de)	lány	[la:ɲ]
jongste dochter (de)	fiatalabb lány	[fiɒtɒlɒbb la:ɲ]
jongste zoon (de)	fiatalabb fiú	[fiɒtɒlɒbb fiu:]
oudste dochter (de)	idősebb lány	[idø:ʃɛbb la:ɲ]
oudste zoon (de)	idősebb fiú	[idø:ʃɛbb fiu:]
oudere broer (de)	báty	[ba:c]
jongere broer (de)	öcs	[øtʃ]
oudere zuster (de)	nővér	[nø:ve:r]
jongere zuster (de)	húg	[hu:g]
neef (zoon van oom, tante)	unokabáty	[unokɒ ba:c]
nicht (dochter van oom, tante)	unokanővér	[unokɒ nø:ve:r]
mama (de)	anya	[ɒɲɒ]
papa (de)	apa	[ɒpɒ]
ouders (mv.)	szülők	[sylø:k]
kind (het)	gyerek	[ɟɛrɛk]
kinderen (mv.)	gyerekek	[ɟɛrɛkɛk]
oma (de)	nagyanya	[nɒɟɒɲɒ]
opa (de)	nagyapa	[nɒɟɒpɒ]
kleinzoon (de)	unoka	[unokɒ]

kleindochter (de)	unoka	[unokɒ]
kleinkinderen (mv.)	unokák	[unokaːk]
oom (de)	bácsi	[baːtʃi]
tante (de)	néni	[neːni]
neef (zoon van broer, zus)	unokaöcs	[unokɒøtʃ]
nicht (dochter van broer, zus)	unokahúg	[unokɒhuːg]
schoonmoeder (de)	anyós	[ɒɲøːʃ]
schoonvader (de)	após	[ɒpoːʃ]
schoonzoon (de)	vő	[vøː]
stiefmoeder (de)	mostohaanya	[moʃtohɒɒɲɒ]
stiefvader (de)	mostohaapa	[moʃtohɒɒpɒ]
zuigeling (de)	csecsemő	[tʃɛtʃɛmøː]
wiegenkind (het)	csecsemő	[tʃɛtʃɛmøː]
kleuter (de)	kisgyermek	[kiʃɟɛrmɛk]
vrouw (de)	feleség	[fɛlɛʃeːg]
man (de)	férj	[feːrj]
echtgenoot (de)	házastárs	[haːzɒʃtaːrʃ]
echtgenote (de)	hitves	[hitvɛʃ]
gehuwd (mann.)	nős	[nøːʃ]
gehuwd (vrouw.)	férjnél	[feːrjneːl]
ongehuwd (mann.)	nőtlen	[nøːtlɛn]
vrijgezel (de)	nőtlen ember	[nøːtlɛn ɛmbɛr]
gescheiden (bn)	elvált	[ɛlvaːlt]
weduwe (de)	özvegy	[øzvɛɟ]
weduwnaar (de)	özvegy	[øzvɛɟ]
familielid (het)	rokon	[rokon]
dichte familielid (het)	közeli rokon	[køzɛli rokon]
verre familielid (het)	távoli rokon	[taːvoli rokon]
familieleden (mv.)	rokonok	[rokonok]
wees (de), weeskind (het)	árva	[aːrvɒ]
voogd (de)	gyám	[ɟaːm]
adopteren (een jongen te ~)	örökbe fogad	[ørøkbɛ fogɒd]
adopteren (een meisje te ~)	örökbe fogad	[ørøkbɛ fogɒd]

Geneeskunde

47. Ziekten

ziekte (de)	betegség	[bɛtɛgʃeːg]
ziek zijn (ww)	beteg van	[bɛtɛg vɒn]
gezondheid (de)	egészség	[ɛgeːʃeːg]
snotneus (de)	nátha	[naːthɒ]
angina (de)	torokgyulladás	[torokɟyllɒdaːʃ]
verkoudheid (de)	megfázás	[mɛgfaːzaːʃ]
verkouden raken (ww)	megfázik	[mɛgfaːzik]
bronchitis (de)	hörghurut	[hørgfurut]
longontsteking (de)	tüdőgyulladás	[tydøːɟyllɒjaːʃ]
griep (de)	influenza	[influɛnzɒ]
bijziend (bn)	rövidlátó	[røvidlaːtoː]
verziend (bn)	távollátó	[taːvollaːtoː]
scheelheid (de)	kancsalság	[kɒntʃɒlʃaːg]
scheel (bn)	kancsal	[kɒntʃɒl]
grauwe staar (de)	szürke hályog	[syrkɛ haːjog]
glaucoom (het)	glaukóma	[glɒukoːmɒ]
beroerte (de)	inzultus	[inzultuʃ]
hartinfarct (het)	infarktus	[infɒrktuʃ]
verlamming (de)	bénaság	[beːnɒʃaːg]
verlammen (ww)	megbénít	[mɛgbeːniːt]
allergie (de)	allergia	[ɒllɛrgiɒ]
astma (de/het)	asztma	[ɒstmɒ]
diabetes (de)	cukorbaj	[tsukorbɒj]
tandpijn (de)	fogfájás	[fogfaːjaːʃ]
tandbederf (het)	fogszuvasodás	[fogsuvɒʃodaːʃ]
diarree (de)	hasmenés	[hɒʃmɛneːʃ]
constipatie (de)	szorulás	[sorulaːʃ]
maagstoornis (de)	gyomorrontás	[ɟomorrontaːʃ]
voedselvergiftiging (de)	mérgezés	[meːrgɛzeːʃ]
voedselvergiftiging oplopen	mérgezést kap	[meːrgɛzeːʃt kɒp]
artritis (de)	ízületi gyulladás	[iːzylɛti ɟyllɒdaːʃ]
rachitis (de)	angolkór	[ɒŋgolkoːr]
reuma (het)	reuma	[rɛumɒ]
arteriosclerose (de)	érelmeszesedés	[eːrɛlmɛsɛʃɛdeːʃ]
gastritis (de)	gyomorhurut	[ɟomorhurut]
blindedarmontsteking (de)	vakbélgyulladás	[vɒkbeːlɟyllɒdaːʃ]
galblaasontsteking (de)	epehólyaggyulladás	[ɛpɛhoːjɒɟɟyllɒdaːʃ]

zweer (de)	fekély	[fɛkeːj]
mazelen (mv.)	kanyaró	[kɔɲɒroː]
rodehond (de)	rózsahimlő	[roːʒɒhimlø:]
geelzucht (de)	sárgaság	[ʃaːrgɒʃaːg]
leverontsteking (de)	hepatitisz	[hɛpɒtitis]
schizofrenie (de)	szkizofrénia	[skizofreːniɒ]
dolheid (de)	veszettség	[vɛsɛttʃeːg]
neurose (de)	neurózis	[nɛuroːziʃ]
hersenschudding (de)	agyrázkódás	[ɒɟraːskodaːʃ]
kanker (de)	rák	[raːk]
sclerose (de)	szklerózis	[sklɛroːziʃ]
multiple sclerose (de)	szklerózis multiplex	[sklɛroːziʃ multiplɛks]
alcoholisme (het)	alkoholizmus	[ɒlkoholizmuʃ]
alcoholicus (de)	alkoholista	[ɒlkoholiʃtɒ]
syfilis (de)	szifilisz	[sifilis]
AIDS (de)	AIDS	[ɛjds]
tumor (de)	daganat	[dɒgɒnɒt]
koorts (de)	láz	[laːz]
malaria (de)	malária	[mɒlaːriɒ]
gangreen (het)	üszkösödés	[yskøʃødeːʃ]
zeeziekte (de)	tengeribetegség	[tɛŋgɛribɛtɛgʃeːg]
epilepsie (de)	epilepszia	[ɛpilɛpsiɒ]
epidemie (de)	járvány	[jaːrvaːɲ]
tyfus (de)	tífusz	[tiːfus]
tuberculose (de)	tuberkulózis	[tubɛrkuloːziʃ]
cholera (de)	kolera	[kolɛrɒ]
pest (de)	pestis	[pɛʃtiʃ]

48. Symptomen. Behandelingen. Deel 1

symptoom (het)	tünet	[tynɛt]
temperatuur (de)	láz	[laːz]
verhoogde temperatuur (de)	magas láz	[mɒgɒʃ laːz]
polsslag (de)	pulzus	[pulzuʃ]
duizeling (de)	szédülés	[seːdyleːʃ]
heet (erg warm)	forró	[forroː]
koude rillingen (mv.)	hidegrázás	[hidɛgraːzaːʃ]
bleek (bn)	sápadt	[ʃaːpɒtt]
hoest (de)	köhögés	[køhøgeːʃ]
hoesten (ww)	köhög	[køhøg]
niezen (ww)	tüsszent	[tyssɛnt]
flauwte (de)	ájulás	[aːjulaːʃ]
flauwvallen (ww)	elájul	[ɛlaːjul]
blauwe plek (de)	kék folt	[keːk folt]
buil (de)	dudor	[dudor]
zich stoten (ww)	nekiütődik	[nɛkiytøːdik]

kneuzing (de)	ütés	[yte:ʃ]
kneuzen (gekneusd zijn)	megüti magát	[mɛgyti mɒga:t]

hinken (ww)	sántít	[ʃa:nti:t]
verstuiking (de)	ficam	[fitsɒm]
verstuiken (enkel, enz.)	kificamít	[kifitsɒmi:t]
breuk (de)	törés	[tøre:ʃ]
een breuk oplopen	eltör	[ɛltør]

snijwond (de)	vágás	[va:ga:ʃ]
zich snijden (ww)	megvágja magát	[mɛgva:gjɒ mɒga:t]
bloeding (de)	vérzés	[ve:rze:ʃ]

brandwond (de)	égési seb	[e:ge:ʃi ʃɛb]
zich branden (ww)	megégeti magát	[mɛge:gɛti mɒga:t]

prikken (ww)	megszúr	[mɛgsu:r]
zich prikken (ww)	megszúrja magát	[mɛgsu:rjɒ mɒga:t]
blesseren (ww)	megsért	[mɛgʃe:rt]
blessure (letsel)	sérülés	[ʃe:ryle:ʃ]
wond (de)	seb	[ʃɛb]
trauma (het)	sérülés	[ʃe:ryle:ʃ]

ijlen (ww)	félrebeszél	[fe:lrɛbɛse:l]
stotteren (ww)	dadog	[dɒdog]
zonnesteek (de)	napszúrás	[nɒpsu:ra:ʃ]

49. Symptomen. Behandelingen. Deel 2

pijn (de)	fájdalom	[fa:jdɒlom]
splinter (de)	szálka	[sa:lkɒ]

zweet (het)	veríték	[vɛri:te:k]
zweten (ww)	izzad	[izzɒd]
braking (de)	hányás	[ha:ɲa:ʃ]
stuiptrekkingen (mv.)	görcs	[gørtʃ]

zwanger (bn)	terhes	[tɛrhɛʃ]
geboren worden (ww)	születik	[sylɛtik]
geboorte (de)	szülés	[syle:ʃ]
baren (ww)	szül	[syl]
abortus (de)	magzatelhajtás	[mɒgzɒtɛlhɒjta:ʃ]

ademhaling (de)	lélegzés	[le:lɛgze:ʃ]
inademing (de)	belégzés	[bɛle:gze:ʃ]
uitademing (de)	kilégzés	[kile:gze:ʃ]
uitademen (ww)	kilélegzik	[kile:lɛgzik]
inademen (ww)	belélegzik	[bɛle:lɛgzik]

invalide (de)	rokkant	[rokkɒnt]
gehandicapte (de)	nyomorék	[ɲomore:k]
drugsverslaafde (de)	narkós	[nɒrko:ʃ]
doof (bn)	süket	[ʃykɛt]
stom (bn)	néma	[ne:mɒ]

doofstom (bn)	süketnéma	[ʃykɛtne:mɒ]
krankzinnig (bn)	őrült	[ø:rylt]
krankzinnig worden	megőrül	[mɛgø:ryl]
gen (het)	gén	[ge:n]
immuniteit (de)	immunitás	[immunita:ʃ]
erfelijk (bn)	örökölt	[ørøkølt]
aangeboren (bn)	veleszületett	[vɛlɛʃsylɛtɛtt]
virus (het)	vírus	[vi:ruʃ]
microbe (de)	mikroba	[mikrobɒ]
bacterie (de)	baktérium	[bɒkte:rium]
infectie (de)	fertőzés	[fɛrtø:ze:ʃ]

50. Symptomen. Behandelingen. Deel 3

ziekenhuis (het)	kórház	[ko:rha:z]
patiënt (de)	beteg	[bɛtɛg]
diagnose (de)	diagnózis	[diɒgno:ziʃ]
genezing (de)	gyógyítás	[ɟø:ɟi:ta:ʃ]
medische behandeling (de)	kezelés	[kɛzɛle:ʃ]
onder behandeling zijn	gyógyul	[ɟø:ɟyl]
zorgen (zieken ~)	ápol	[a:pol]
ziekenzorg (de)	ápolás	[a:pola:ʃ]
operatie (de)	műtét	[my:te:t]
verbinden (een arm ~)	beköt	[bɛkøt]
verband (het)	bekötés	[bɛkøte:ʃ]
vaccin (het)	oltás	[olta:ʃ]
inenten (vaccineren)	beolt	[bɛolt]
injectie (de)	injekció	[iɲɛktsio:]
een injectie geven	injekciót ad	[iɲɛktsio:t ɒd]
aanval (de)	roham	[rohɒm]
amputatie (de)	amputálás	[ɒmputa:la:ʃ]
amputeren (ww)	csonkol	[tʃoŋkol]
coma (het)	kóma	[ko:mɒ]
in coma liggen	kómában van	[ko:ma:bɒn vɒn]
intensieve zorg, ICU (de)	reanimáció	[rɛɒnima:tsio:]
zich herstellen (ww)	felgyógyul	[fɛlɟø:ɟyl]
toestand (de)	állapot	[a:llɒpot]
bewustzijn (het)	eszmélet	[ɛsme:lɛt]
geheugen (het)	emlékezet	[ɛmle:kɛzɛt]
trekken (een kies ~)	húz	[hu:z]
vulling (de)	fogtömés	[fogtøme:ʃ]
vullen (ww)	fogat betöm	[fogɒt bɛtøm]
hypnose (de)	hipnózis	[hipno:ziʃ]
hypnotiseren (ww)	hipnotizál	[hipnotiza:l]

51. Artsen

dokter, arts (de)	orvos	[orvoʃ]
ziekenzuster (de)	nővér	[nøːveːr]
lijfarts (de)	személyes orvos	[sɛmeːjɛʃ orvoʃ]
tandarts (de)	fogász	[fogaːs]
oogarts (de)	szemész	[sɛmeːs]
therapeut (de)	belgyógyász	[bɛʎøːɟaːs]
chirurg (de)	sebész	[ʃɛbeːs]
psychiater (de)	elmeorvos	[ɛlmɛorvoʃ]
pediater (de)	gyermekorvos	[ɟɛrmɛk orvoʃ]
psycholoog (de)	pszichológus	[psiholoːguʃ]
gynaecoloog (de)	nőgyógyász	[nøːɟøːɟaːs]
cardioloog (de)	kardiológus	[kɒrdjoloːguʃ]

52. Geneeskunde. Medicijnen. Accessoires

geneesmiddel (het)	gyógyszer	[ɟøːɟsɛr]
middel (het)	orvosság	[orvoʃaːg]
voorschrijven (ww)	felír	[fɛliːr]
recept (het)	recept	[rɛtsɛpt]
tablet (de/het)	tabletta	[tɒblɛttɒ]
zalf (de)	kenőcs	[kɛnøːtʃ]
ampul (de)	ampulla	[ɒmpullɒ]
drank (de)	gyógyszerkeverék	[ɟøːɟsɛr kɛvɛreːk]
siroop (de)	szirup	[sirup]
pil (de)	pirula	[pirulɒ]
poeder (de/het)	por	[por]
verband (het)	kötés	[køteːʃ]
watten (mv.)	vatta	[vɒttɒ]
jodium (het)	jódtinktúra	[joːttiŋktuːrɒ]
pleister (de)	ragtapasz	[rɒgtɒpɒs]
pipet (de)	pipetta	[pipɛttɒ]
thermometer (de)	hőmérő	[høːmeːrøː]
spuit (de)	fecskendő	[fɛtʃkɛndøː]
rolstoel (de)	tolószék	[toloːseːk]
krukken (mv.)	mankók	[mɒŋkoːk]
pijnstiller (de)	fájdalomcsillapító	[faːjdɒlomtʃillɒpiːtoː]
laxeermiddel (het)	hashajtó	[hɒʃhɒjtoː]
spiritus (de)	szesz	[sɛs]
medicinale kruiden (mv.)	fű	[fyː]
kruiden- (abn)	fű	[fyː]

HET MENSELIJKE LEEFGEBIED

Stad

53. Stad. Het leven in de stad

stad (de)	város	[vaːroʃ]
hoofdstad (de)	főváros	[føːvaːroʃ]
dorp (het)	falu	[fɒlu]
plattegrond (de)	város térképe	[vaːroʃ teːrkeːpɛ]
centrum (ov. een stad)	városközpont	[vaːroʃkøspont]
voorstad (de)	külváros	[kylvaːroʃ]
voorstads- (abn)	külvárosi	[kylvaːroʃi]
randgemeente (de)	külváros	[kylvaːroʃ]
omgeving (de)	környék	[kørneːk]
blok (huizenblok)	városnegyed	[vaːroʃnɛɟɛd]
woonwijk (de)	lakótelep	[lɒkoːtɛlɛp]
verkeer (het)	közlekedés	[køzlɛkɛdeːʃ]
verkeerslicht (het)	lámpa	[laːmpɒ]
openbaar vervoer (het)	városi közlekedés	[vaːroʃi køzlɛkɛdeːʃ]
kruispunt (het)	útkereszteződés	[uːtkɛrɛstɛzøːdeːs]
zebrapad (oversteekplaats)	átkelőhely	[aːtkɛløːhɛj]
onderdoorgang (de)	aluljáró	[ɒluljaːroː]
oversteken (de straat ~)	átmegy	[aːtmɛɟ]
voetganger (de)	gyalogos	[ɟologoʃ]
trottoir (het)	járda	[jaːrdɒ]
brug (de)	híd	[hiːd]
dijk (de)	rakpart	[rɒkpɒrt]
fontein (de)	szökőkút	[søkøːkuːt]
allee (de)	fasor	[fɒʃor]
park (het)	park	[pɒrk]
boulevard (de)	sétány	[ʃeːtaːɲ]
plein (het)	tér	[teːr]
laan (de)	sugárút	[ʃugaːruːt]
straat (de)	utca	[uttsɒ]
zijstraat (de)	mellékutca	[mɛlleːkutsɒ]
doodlopende straat (de)	zsákutca	[ʒaːkuttsɒ]
huis (het)	ház	[haːz]
gebouw (het)	épület	[eːpylɛt]
wolkenkrabber (de)	felhőkarcoló	[fɛlhøːkɒrtsoloː]
gevel (de)	homlokzat	[homlogzɒt]
dak (het)	tető	[tɛtøː]

venster (het)	ablak	[ɒblɒk]
boog (de)	boltív	[bolti:v]
pilaar (de)	oszlop	[oslop]
hoek (ov. een gebouw)	sarok	[ʃɒrok]
vitrine (de)	kirakat	[kirɒkɒt]
gevelreclame (de)	cégtábla	[tse:gta:blɒ]
affiche (de/het)	poszter	[postɛr]
reclameposter (de)	reklámplakát	[rɛkla:m plɒka:t]
aanplakbord (het)	hirdetőtábla	[hirdɛtø:ta:blɒ]
vuilnis (de/het)	szemét	[sɛme:t]
vuilnisbak (de)	kuka	[kukɒ]
afval weggooien (ww)	szemetel	[sɛmɛtɛl]
stortplaats (de)	szemétlerakó hely	[sɛme:tlɛrɒko: hɛj]
telefooncel (de)	telefonfülke	[tɛlɛfonfylkɛ]
straatlicht (het)	lámpaoszlop	[la:mpɒoslop]
bank (de)	pad	[pɒd]
politieagent (de)	rendőr	[rɛndø:r]
politie (de)	rendőrség	[rɛndø:rʃe:g]
zwerver (de)	koldus	[kolduʃ]
dakloze (de)	hajléktalan	[hɒjle:ktɒlɒn]

54. Stedelijke instellingen

winkel (de)	bolt	[bolt]
apotheek (de)	gyógyszertár	[ɟø:ɟsɛrta:r]
optiek (de)	optika	[optikɒ]
winkelcentrum (het)	vásárlóközpont	[va:ʃa:rlo: køspont]
supermarkt (de)	szupermarket	[supɛrmɒrkɛt]
bakkerij (de)	péküzlet	[pe:kyzlɛt]
bakker (de)	pék	[pe:k]
banketbakkerij (de)	cukrászda	[tsukra:sdɒ]
kruidenier (de)	élelmiszerbolt	[e:lɛlmisɛrbolt]
slagerij (de)	húsbolt	[hu:ʃbolt]
groentewinkel (de)	zöldségbolt	[zøldʃe:gbolt]
markt (de)	piac	[piɒts]
koffiehuis (het)	kávézó	[ka:ve:zo:]
restaurant (het)	étterem	[e:ttɛrɛm]
bar (de)	söröző	[ʃørøzø:]
pizzeria (de)	pizzéria	[pitse:riɒ]
kapperssalon (de/het)	fodrászat	[fodra:sɒt]
postkantoor (het)	posta	[poʃtɒ]
stomerij (de)	vegytisztítás	[vɛɟtisti:ta:ʃ]
fotostudio (de)	fényképészet	[fe:ɲke:pe:sɛt]
schoenwinkel (de)	cipőbolt	[tsipø:bolt]
boekhandel (de)	könyvesbolt	[køɲvɛʃbolt]

sportwinkel (de)	sportbolt	[ʃportbolt]
kledingreparatie (de)	ruhajavítás	[ruhɒ jɒviːtaːʃ]
kledingverhuur (de)	ruhakölcsönzés	[ruhɒ køltʃønzeːʃ]
videotheek (de)	filmkölcsönzés	[film køltʃønzeːʃ]
circus (de/het)	cirkusz	[tsirkus]
dierentuin (de)	állatkert	[aːllɒt kɛrt]
bioscoop (de)	mozi	[mozi]
museum (het)	múzeum	[muːzɛum]
bibliotheek (de)	könyvtár	[kønvtaːr]
theater (het)	színház	[siːnhaːz]
opera (de)	opera	[opɛrɒ]
nachtclub (de)	éjjeli klub	[eːjjɛli klub]
casino (het)	kaszinó	[kɒsinoː]
moskee (de)	mecset	[mɛtʃɛt]
synagoge (de)	zsinagóga	[ʒinɒgoːgɒ]
kathedraal (de)	székesegyház	[seːkɛʃɛɟhaːz]
tempel (de)	templom	[tɛmplom]
kerk (de)	templom	[tɛmplom]
instituut (het)	intézet	[inteːzɛt]
universiteit (de)	egyetem	[ɛɟɛtɛm]
school (de)	iskola	[iʃkolɒ]
gemeentehuis (het)	polgármesteri hivatal	[polgaːrmɛʃtɛri hivɒtɒl]
stadhuis (het)	városháza	[vaːroʃhaːzɒ]
hotel (het)	szálloda	[saːllodɒ]
bank (de)	bank	[bɒŋk]
ambassade (de)	nagykövetség	[nɒckøvɛtʃːeːg]
reisbureau (het)	utazási iroda	[utɒzaːʃi irodɒ]
informatieloket (het)	tudakozóiroda	[tudɒkozoː irodɒ]
wisselkantoor (het)	pénzváltó	[peːnzvaːlto:]
metro (de)	metró	[mɛtroː]
ziekenhuis (het)	kórház	[koːrhaːz]
benzinestation (het)	benzinkút	[bɛnziŋkuːt]
parking (de)	parkolóhely	[pɒrkoloːhɛj]

55. Borden

gevelreclame (de)	cégtábla	[tseːgtaːblɒ]
opschrift (het)	felirat	[fɛlirɒt]
poster (de)	plakát	[plɒkaːt]
wegwijzer (de)	útjelző	[uːtjɛlzøː]
pijl (de)	nyíl	[ɲiːl]
waarschuwing (verwittiging)	figyelmeztetés	[fiɟɛlmɛztɛteːʃ]
waarschuwingsbord (het)	figyelmeztetés	[fiɟɛlmɛztɛteːʃ]
waarschuwen (ww)	figyelmeztet	[fiɟɛlmɛztɛt]
vrije dag (de)	szabadnap	[sɒbɒdnɒp]

| dienstregeling (de) | órarend | [oːrɒrɛnd] |
| openingsuren (mv.) | nyitvatartási idő | [ɲitvɒtɒrtaːʃi idøː] |

WELKOM!	ISTEN HOZTA!	[iʃtɛn hoztɒ]
INGANG	BEJÁRAT	[bɛjaːrɒt]
UITGANG	KIJÁRAT	[kijaːrɒt]

DUWEN	TOLNI	[tolni]
TREKKEN	HÚZNI	[huːzni]
OPEN	NYITVA	[ɲitvɒ]
GESLOTEN	ZÁRVA	[zaːrvɒ]

| DAMES | NŐI | [nøːi] |
| HEREN | FÉRFI | [feːrfi] |

KORTING	KIÁRUSÍTÁS	[kiaːruʃiːtaːʃ]
UITVERKOOP	KEDVEZMÉNY	[kɛdvɛzmeːɲ]
NIEUW!	ÚJDONSÁG!	[uːjdonʃaːg]
GRATIS	INGYEN	[iɲɟɛn]

PAS OP!	FIGYELEM!	[fiɟɛlɛm]
VOLGEBOEKT	NINCS HELY	[nintʃ hɛj]
GERESERVEERD	FOGLALT	[foglɒlt]

| ADMINISTRATIE | IGAZGATÁS | [igɒzgɒtaːʃ] |
| ALLEEN VOOR PERSONEEL | SZEMÉLYZETI BEJÁRAT | [sɛmeːjzɛti bɛjaːrɒt] |

GEVAARLIJKE HOND	HARAPOS KUTYA	[hɒrɒpoʃ kucɒ]
VERBODEN TE ROKEN!	DOHÁNYOZNI TILOS!	[dohaːnøzni tiloʃ]
NIET AANRAKEN!	NYÚJTANI TILOS!	[ɲuːjtɒni tiloʃ]

GEVAARLIJK	VESZÉLYES	[vɛseːjɛʃ]
GEVAAR	VESZÉLY	[vɛseːj]
HOOGSPANNING	MAGAS FESZÜLTSÉG	[mɒgɒʃ fɛsyltʃeːg]
VERBODEN TE ZWEMMEN	FÜRDENI TILOS	[fyrdɛni tiloʃ]
BUITEN GEBRUIK	NEM MŰKÖDIK	[nɛm myːkødik]

ONTVLAMBAAR	TŰZVESZÉLYES	[tyːzvɛseːjɛʃ]
VERBODEN	TILOS	[tiloʃ]
DOORGANG VERBODEN	TILOS AZ ÁTJÁRÁS	[tiloʃ ɒz aːtjaːraːʃ]
OPGELET PAS GEVERFD	FESTETT	[fɛʃtɛtt]

56. Stedelijk vervoer

bus, autobus (de)	busz	[bus]
tram (de)	villamos	[villɒmoʃ]
trolleybus (de)	trolibusz	[trolibus]
route (de)	járat	[jaːrɒt]
nummer (busnummer, enz.)	szám	[saːm]

rijden met ...	megy ...vel	[mɛɟ ...vɛl]
stappen (in de bus ~)	felszáll	[fɛlsaːll]
afstappen (ww)	leszáll	[lɛsaːll]

halte (de)	állomás	[aːlomaːʃ]
volgende halte (de)	következő állomás	[køvɛtkɛzøː aːlomaːʃ]
eindpunt (het)	végállomás	[veːgaːlomaːʃ]
dienstregeling (de)	menetrend	[mɛnɛtrɛnd]
wachten (ww)	vár	[vaːr]
kaartje (het)	jegy	[jɛɟ]
reiskosten (de)	jegyár	[jɛɟaːr]
kassier (de)	pénztáros	[peːnstaːroʃ]
kaartcontrole (de)	ellenőrzés	[ɛllɛnøːrzeːʃ]
controleur (de)	ellenőr	[ɛllɛnøːr]
te laat zijn (ww)	késik	[keːʃik]
missen (de bus ~)	elkésik ...re	[ɛlkeːʃik ...rɛ]
zich haasten (ww)	siet	[ʃiɛt]
taxi (de)	taxi	[tɒksi]
taxichauffeur (de)	taxis	[tɒksiʃ]
met de taxi (bw)	taxival	[tɒksivɒl]
taxistandplaats (de)	taxiállomás	[tɒksiaːlomaːʃ]
een taxi bestellen	taxit hív	[toksit hiːv]
een taxi nemen	taxival megy	[toksival mɛɟ]
verkeer (het)	közlekedés	[køzlɛkɛdeːʃ]
file (de)	dugó	[dugoː]
spitsuur (het)	csúcsforgalom	[tʃuːtʃforgɒlom]
parkeren (on.ww.)	parkol	[pɒrkol]
parkeren (ov.ww.)	parkol	[pɒrkol]
parking (de)	parkolóhely	[pɒrkoloːhɛj]
metro (de)	metró	[mɛtroː]
halte (bijv. kleine treinhalte)	állomás	[aːlomaːʃ]
de metro nemen	metróval megy	[mɛtroːvɒl mɛɟ]
trein (de)	vonat	[vonɒt]
station (treinstation)	pályaudvar	[paːjɒudvɒr]

57. Bezienswaardigheden

monument (het)	műemlék	[myːɛmleːk]
vesting (de)	erőd	[ɛrøːd]
paleis (het)	palota	[pɒlotɒ]
kasteel (het)	kastély	[kɒʃteːj]
toren (de)	torony	[toroɲ]
mausoleum (het)	mauzóleum	[mɒuzoːlɛum]
architectuur (de)	építészet	[eːpiːteːsɛt]
middeleeuws (bn)	középkori	[køzeːpkori]
oud (bn)	ősi	[øːʃi]
nationaal (bn)	nemzeti	[nɛmzɛti]
bekend (bn)	híres	[hiːrɛʃ]
toerist (de)	turista	[turiʃtɒ]
gids (de)	idegenvezető	[idɛgɛn vɛzɛtøː]

rondleiding (de)	kirándulás	[kira:ndula:ʃ]
tonen (ww)	mutat	[mutɒt]
vertellen (ww)	mesél	[mɛʃe:l]
vinden (ww)	talál	[tɒla:l]
verdwalen (de weg kwijt zijn)	elvész	[ɛlve:s]
plattegrond (~ van de metro)	térkép	[te:rke:p]
plattegrond (~ van de stad)	térkép	[te:rke:p]
souvenir (het)	emléktárgy	[ɛmle:kta:rɟ]
souvenirwinkel (de)	ajándékbolt	[ɒja:nde:kbolt]
foto's maken	fényképez	[fe:ɲke:pɛz]
zich laten fotograferen	lefényképezteti magát	[lɛfe:ɲke:pɛztɛti mɒga:t]

58. Winkelen

kopen (ww)	vásárol	[va:ʃa:rol]
aankoop (de)	vásárolt holmi	[va:ʃa:rolt holmi]
winkelen (ww)	vásárol	[va:ʃa:rol]
winkelen (het)	vásárlás	[va:ʃa:rla:ʃ]
open zijn (ov. een winkel, enz.)	dolgozik	[dolgozik]
gesloten zijn (ww)	bezáródik	[bɛza:ro:dik]
schoeisel (het)	cipő	[tsipø:]
kleren (mv.)	ruha	[ruhɒ]
cosmetica (mv.)	kozmetika	[kozmɛtikɒ]
voedingswaren (mv.)	élelmiszer	[e:lɛlmisɛr]
geschenk (het)	ajándék	[ɒja:nde:k]
verkoper (de)	eladó	[ɛlɒdo:]
verkoopster (de)	eladónő	[ɛlɒdo:nø:]
kassa (de)	pénztár	[pe:nsta:r]
spiegel (de)	tükör	[tykør]
toonbank (de)	pult	[pult]
paskamer (de)	próbafülke	[pro:bɒfylkɛ]
aanpassen (ww)	felpróbál	[fɛlpro:ba:l]
passen (ov. kleren)	megfelel	[mɛgfɛlɛl]
bevallen (prettig vinden)	tetszik	[tɛtsik]
prijs (de)	ár	[a:r]
prijskaartje (het)	árcédula	[a:rtse:dulɒ]
kosten (ww)	kerül	[kɛryl]
Hoeveel?	Mennyibe kerül?	[mɛɲɲibɛ kɛryl]
korting (de)	kedvezmény	[kɛdvɛzme:ɲ]
niet duur (bn)	olcsó	[oltʃo:]
goedkoop (bn)	olcsó	[oltʃo:]
duur (bn)	drága	[dra:gɒ]
Dat is duur.	Ez drága.	[ɛz dra:gɒ]
verhuur (de)	kölcsönzés	[køltʃønze:ʃ]

huren (smoking, enz.)	kölcsönöz	[kəltʃønøz]
krediet (het)	hitel	[hitɛl]
op krediet (bw)	hitelbe	[hitɛlbɛ]

59. Geld

geld (het)	pénz	[pe:nz]
ruil (de)	váltás	[va:lta:ʃ]
koers (de)	árfolyam	[a:rfojɔm]
geldautomaat (de)	bankautomata	[bɒŋk ɒutomɒtɒ]
muntstuk (de)	érme	[e:rmɛ]

| dollar (de) | dollár | [dolla:r] |
| euro (de) | euró | [ɛuro:] |

lire (de)	líra	[li:rɒ]
Duitse mark (de)	márka	[ma:rkɒ]
frank (de)	frank	[frɒŋk]
pond sterling (het)	font sterling	[font stɛrliŋg]
yen (de)	jen	[jɛn]

schuld (geldbedrag)	adósság	[ɒdo:ʃa:g]
schuldenaar (de)	adós	[ɒdo:ʃ]
uitlenen (ww)	kölcsönad	[kəltʃønɒd]
lenen (geld ~)	kölcsönvesz	[kəltʃønvɛs]

bank (de)	bank	[bɒŋk]
bankrekening (de)	számla	[sa:mlɒ]
op rekening storten	számlára tesz	[sa:mla:rɒ tɛs]
opnemen (ww)	számláról lehív	[sa:mla:ro:l lɛhi:v]

kredietkaart (de)	hitelkártya	[hitɛlka:rcɒ]
baar geld (het)	készpénz	[ke:spe:nz]
cheque (de)	csekk	[tʃɛkk]
een cheque uitschrijven	kiállít egy csekket	[kia:lli:t ɛɟ: tʃɛkkɛt]
chequeboekje (het)	csekkkönyv	[tʃɛkkkøɲv]

portefeuille (de)	pénztárca	[pe:nsta:rtsɒ]
geldbeugel (de)	pénztárca	[pe:nsta:rtsɒ]
safe (de)	páncélszekrény	[pa:ntse:lsɛkre:ɲ]

erfgenaam (de)	örökös	[ørøkøʃ]
erfenis (de)	örökség	[ørøkʃe:g]
fortuin (het)	vagyon	[vɒjøn]

huur (de)	bérlet	[be:rlɛt]
huurprijs (de)	lakbér	[lɒkbe:r]
huren (huis, kamer)	bérel	[be:rɛl]

prijs (de)	ár	[a:r]
kostprijs (de)	költség	[køltʃe:g]
som (de)	összeg	[øssɛg]
uitgeven (geld besteden)	költ	[kølt]
kosten (mv.)	kiadások	[kiɒda:ʃok]

bezuinigen (ww)	takarékoskodik	[tɒkɒre:koʃkodik]
zuinig (bn)	takarékos	[tɒkɒre:koʃ]

betalen (ww)	fizet	[fizɛt]
betaling (de)	fizetés	[fizɛte:ʃ]
wisselgeld (het)	visszajáró pénz	[vissɒja:ro: pe:nz]

belasting (de)	adó	[ɒdo:]
boete (de)	büntetés	[byntɛte:ʃ]
beboeten (bekeuren)	büntet	[byntɛt]

60. Post. Postkantoor

postkantoor (het)	posta	[poʃtɒ]
post (de)	posta	[poʃtɒ]
postbode (de)	postás	[poʃta:ʃ]
openingsuren (mv.)	nyitvatartási idő	[ɲitvɒtɒrta:ʃi idø:]

brief (de)	levél	[lɛve:l]
aangetekende brief (de)	ajánlott levél	[ɒja:nlott lɛve:l]
briefkaart (de)	képeslap	[ke:pɛʃlɒp]
telegram (het)	távirat	[ta:virɒt]
postpakket (het)	csomag	[ʧomɒg]
overschrijving (de)	pénzátutalás	[pe:nza:tutɒla:ʃ]

ontvangen (ww)	kap	[kɒp]
sturen (zenden)	felad	[fɛlɒd]
verzending (de)	feladás	[fɛlɒda:ʃ]

adres (het)	cím	[tsi:m]
postcode (de)	irányítószám	[ira:ɲi:to:sa:m]
verzender (de)	feladó	[fɛlɒdo:]
ontvanger (de)	címzett	[tsi:mzɛtt]

naam (de)	név	[ne:v]
achternaam (de)	vezetéknév	[vɛzɛte:k ne:v]

tarief (het)	tarifa	[tarifa]
standaard (bn)	normál	[norma:l]
zuinig (bn)	kedvezményes	[kɛdvɛzme:ɲɛʃ]

gewicht (het)	súly	[ʃu:j]
afwegen (op de weegschaal)	megmér	[mɛgme:r]
envelop (de)	boríték	[bori:te:k]
postzegel (de)	márka	[ma:rkɒ]

Woning. Huis. Thuis

61. Huis. Elektriciteit

elektriciteit (de)	villany	[villɒɲ]
lamp (de)	körte	[kørtɛ]
schakelaar (de)	bekapcsoló	[bɛkɒpʧolo:]
zekering (de)	biztosíték	[bistoʃi:te:k]
draad (de)	vezeték	[vɛzɛte:k]
bedrading (de)	vezetés	[vɛzɛte:ʃ]
elektriciteitsmeter (de)	villanyóra	[villɒɲ o:rɒ]
gegevens (mv.)	állás	[a:lla:ʃ]

62. Villa. Herenhuis

landhuisje (het)	hétvégi ház	[he:tve:gi ha:z]
villa (de)	villa	[villɒ]
vleugel (de)	szárny	[sa:rɲ]
tuin (de)	kert	[kɛrt]
park (het)	park	[pɒrk]
oranjerie (de)	melegház	[mɛlɛkha:z]
onderhouden (tuin, enz.)	ápol	[a:pol]
zwembad (het)	medence	[mɛdɛntsɛ]
gym (het)	tornacsarnok	[tornɒʧornok]
tennisveld (het)	teniszpálya	[tɛnispa:jɒ]
bioscoopkamer (de)	házimozi	[ha:zimozi]
garage (de)	garázs	[gɒra:ʒ]
privé-eigendom (het)	magánterület	[mɒga:n tɛrylɛt]
eigen terrein (het)	magánterület	[mɒga:n tɛrylɛt]
waarschuwing (de)	figyelmeztetés	[fiɟɛlmɛztɛte:ʃ]
waarschuwingsbord (het)	figyelmeztető felirat	[fiɟɛlmɛztɛtø: fɛlirɒt]
bewaking (de)	őrség	[ø:rʃe:g]
bewaker (de)	biztonsági őr	[bistonʃa:gi ø:r]
inbraakalarm (het)	riasztó	[riɒsto:]

63. Appartement

appartement (het)	lakás	[lɒka:ʃ]
kamer (de)	szoba	[sobɒ]
slaapkamer (de)	hálószoba	[ha:lo:sobɒ]

eetkamer (de)	ebédlő	[ɛbeːdlø:]
salon (de)	nappali	[nɒppɒli]
studeerkamer (de)	dolgozószoba	[dolgozoːsobɒ]

gang (de)	előszoba	[ɛlø:sobɒ]
badkamer (de)	fürdőszoba	[fyrdø:sobɒ]
toilet (het)	vécé	[veːtseː]

plafond (het)	mennyezet	[mɛɲɲɛzɛt]
vloer (de)	padló	[pɒdloː]
hoek (de)	sarok	[ʃɒrok]

64. Meubels. Interieur

meubels (mv.)	bútor	[buːtor]
tafel (de)	asztal	[ɒstɒl]
stoel (de)	szék	[seːk]
bed (het)	ágy	[aːɟ]

| bankstel (het) | dívány | [diːvaːɲ] |
| fauteuil (de) | fotel | [fotɛl] |

| boekenkast (de) | könyvszekrény | [køɲvsɛkreːɲ] |
| boekenrek (het) | könyvpolc | [køɲvpolts] |

kledingkast (de)	ruhaszekrény	[ruhɒ sɛkreːɲ]
kapstok (de)	ruhatartó	[ruhɒtɒrtoː]
staande kapstok (de)	fogas	[fogɒʃ]

| commode (de) | komód | [komoːd] |
| salontafeltje (het) | dohányzóasztal | [dohaːɲzoːɒstɒl] |

spiegel (de)	tükör	[tykør]
tapijt (het)	szőnyeg	[sø:nɛg]
tapijtje (het)	kis szőnyeg	[kiʃ sø:nɛg]

haard (de)	kandalló	[kɒndɒlloː]
kaars (de)	gyertya	[ɟɛrcɒ]
kandelaar (de)	gyertyatartó	[ɟɛrcɒtɒrtoː]

gordijnen (mv.)	függöny	[fyggøɲ]
behang (het)	tapéta	[tɒpeːtɒ]
jaloezie (de)	redőny	[rɛdø:ɲ]

| bureaulamp (de) | asztali lámpa | [ɒstɒli laːmpɒ] |
| wandlamp (de) | lámpa | [laːmpɒ] |

| staande lamp (de) | állólámpa | [aːlloːlaːmpɒ] |
| luchter (de) | csillár | [tʃillaːr] |

poot (ov. een tafel, enz.)	láb	[laːb]
armleuning (de)	kartámla	[kɒrtaːmlɒ]
rugleuning (de)	támla	[taːmlɒ]
la (de)	fiók	[fioːk]

65. Beddengoed

beddengoed (het)	ágynemű	[aːɲɛmyː]
kussen (het)	párna	[paːrnɒ]
kussenovertrek (de)	párnahuzat	[paːrnɒhuzɒt]
deken (de)	takaró	[tɒkɒroː]
laken (het)	lepedő	[lɛpɛdøː]
sprei (de)	takaró	[tɒkɒroː]

66. Keuken

keuken (de)	konyha	[koɲhɒ]
gas (het)	gáz	[gaːz]
gasfornuis (het)	gáztűzhely	[gaːztyːzhɛj]
elektrisch fornuis (het)	elektromos tűzhely	[ɛlɛktromoʃ tyːshɛj]
oven (de)	sütő	[ʃytøː]
magnetronoven (de)	mikrohullámú sütő	[mikrohullaːmuː ʃytøː]
koelkast (de)	hűtőszekrény	[hyːtøːsɛkreːɲ]
diepvriezer (de)	fagyasztóláda	[foɟɒstoːlaːdɒ]
vaatwasmachine (de)	mosogatógép	[moʃogɒtoːgeːp]
vleesmolen (de)	húsdaráló	[huːʃdɒraːloː]
vruchtenpers (de)	gyümölcscentrifuga	[ɟymølʧ tsɛntrifugɒ]
toaster (de)	kenyérpirító	[kɛneːrpiriːtoː]
mixer (de)	turmixgép	[turmiksgeːp]
koffiemachine (de)	kávéfőző	[kaːveːføːzøː]
koffiepot (de)	kávéskanna	[kaːveːʃkɒnnɒ]
koffiemolen (de)	kávéőrlő	[kaːveːøːrløː]
fluitketel (de)	kanna	[kɒnnɒ]
theepot (de)	teáskanna	[tɛaːʃkɒnnɒ]
deksel (de/het)	fedél	[fɛdeːl]
theezeefje (het)	szűrő	[syːrøː]
lepel (de)	kanál	[kɒnaːl]
theelepeltje (het)	teáskanál	[tɛaːʃkɒnaːl]
eetlepel (de)	evőkanál	[ɛvøːkɒnaːl]
vork (de)	villa	[villɒ]
mes (het)	kés	[keːʃ]
vaatwerk (het)	edény	[ɛdeːɲ]
bord (het)	tányér	[taːneːr]
schoteltje (het)	csészealj	[ʧeːsɛɒj]
likeurglas (het)	kupica	[kupitsɒ]
glas (het)	pohár	[pohaːr]
kopje (het)	csésze	[ʧeːsɛ]
suikerpot (de)	cukortartó	[tsukortɒrtoː]
zoutvat (het)	sótartó	[ʃoːtɒrtoː]
pepervat (het)	borstartó	[borʃtɒrtoː]

T&P Books. Thematische woordenschat Nederlands-Hongaars - 5000 woorden

boterschaaltje (het)	vajtartó	[vɒj tɒrto:]
pan (de)	lábas	[la:bɒʃ]
bakpan (de)	serpenyő	[ʃɛrpɛɲø:]
pollepel (de)	merőkanál	[mɛrø:kɒna:l]
vergiet (de/het)	tésztaszűrő	[te:stɒsy:rø:]
dienblad (het)	tálca	[ta:ltsɒ]

fles (de)	palack, üveg	[pɒlɒsk], [yvɛg]
glazen pot (de)	befőttes üveg	[bɛfø:tɛs yvɛg]
blik (conserven~)	bádogdoboz	[ba:dogdoboz]

flesopener (de)	üvegnyitó	[yvɛg ɲito:]
blikopener (de)	konzervnyitó	[konzɛrv ɲito:]
kurkentrekker (de)	dugóhúzó	[dugo:hu:zo:]
filter (de/het)	filter	[filtɛr]
filteren (ww)	szűr	[sy:r]

| huisvuil (het) | szemét | [sɛme:t] |
| vuilnisemmer (de) | kuka | [kukɒ] |

67. Badkamer

badkamer (de)	fürdőszoba	[fyrdø:sobɒ]
water (het)	víz	[vi:z]
kraan (de)	csap	[ʧɒp]
warm water (het)	meleg víz	[mɛlɛg vi:z]
koud water (het)	hideg víz	[hidɛg vi:z]

| tandpasta (de) | fogkrém | [fogkre:m] |
| tanden poetsen (ww) | fogat mos | [fogɒt moʃ] |

zich scheren (ww)	borotválkozik	[borotva:lkozik]
scheercrème (de)	borotvahab	[borotvɒhɒb]
scheermes (het)	borotva	[borotvɒ]

wassen (ww)	mos	[moʃ]
een bad nemen	mosakodik	[moʃɒkodik]
douche (de)	zuhany	[zuhɒɲ]
een douche nemen	zuhanyozik	[zuhɒɲozik]

bad (het)	fürdőkád	[fyrdø:ka:d]
toiletpot (de)	vécékagyló	[ve:tse: kɒɟlo:]
wastafel (de)	mosdókagyló	[moʒdo:kɒɟlo:]

| zeep (de) | szappan | [sɒppɒn] |
| zeepbakje (het) | szappantartó | [sɒppɒntɒrto:] |

spons (de)	szivacs	[sivɒʧ]
shampoo (de)	sampon	[ʃompon]
handdoek (de)	törülköző	[tørylkøzø:]
badjas (de)	köntös	[køntøʃ]

| was (bijv. handwas) | mosás | [moʃa:ʃ] |
| wasmachine (de) | mosógép | [moʃo:ge:p] |

de was doen   ruhát mos   [ruha:t moʃ]
waspoeder (de)   mosópor   [moʃo:por]

68. Huishoudelijke apparaten

televisie (de)	televízió	[tɛlɛvi:zio:]
cassettespeler (de)	magnó	[mɒgno:]
videorecorder (de)	videomagnó	[vidɛomɒgno:]
radio (de)	vevőkészülék	[vɛvø:ke:syle:k]
speler (de)	sétálómagnó	[ʃe:ta:lo: mɒgno:]
videoprojector (de)	videovetítő	[vidɛovɛti:tø:]
home theater systeem (het)	házimozi	[ha:zimozi]
DVD-speler (de)	DVDlejátszó	[dɛvɛdɛlɛja:tso:]
versterker (de)	erősítő	[ɛrø:ʃi:tø:]
spelconsole (de)	videojáték	[vidɛoja:te:k]
videocamera (de)	videokamera	[vidɛokɒmɛrɒ]
fotocamera (de)	fényképezőgép	[fe:ɲke:pɛzø:ge:p]
digitale camera (de)	digitális fényképezőgép	[digita:liʃ fe:ɲke:pɛzø:ge:p]
stofzuiger (de)	porszívó	[porsi:vo:]
strijkijzer (het)	vasaló	[vɒʃɒlo:]
strijkplank (de)	vasalódeszka	[vɒʃɒlo:dɛskɒ]
telefoon (de)	telefon	[tɛlɛfon]
mobieltje (het)	mobiltelefon	[mobiltɛlɛfon]
schrijfmachine (de)	írógép	[i:ro:ge:p]
naaimachine (de)	varrógép	[vɒrro:ge:p]
microfoon (de)	mikrofon	[mikrofon]
koptelefoon (de)	fejhallgató	[fɛlhɒllgɒto:]
afstandsbediening (de)	távkapcsoló	[ta:v kɒptʃolo:]
CD (de)	CDlemez	[tsɛdɛlɛmɛz]
cassette (de)	kazetta	[kɒzɛttɒ]
vinylplaat (de)	lemez	[lɛmɛz]

MENSELIJKE ACTIVITEITEN

Baan. Business. Deel 1

69. Kantoor. Op kantoor werken

Nederlands	Hongaars	Uitspraak
kantoor (het)	iroda	[irodɒ]
kamer (de)	iroda	[irodɒ]
receptie (de)	recepció	[rɛtsɛptsio:]
secretaris (de)	titkár	[titka:r]
directeur (de)	igazgató	[igɒzgɒto:]
manager (de)	menedzser	[mɛnɛdzɛr]
boekhouder (de)	könyvelő	[kønvɛlø:]
werknemer (de)	munkatárs	[muŋkɒta:rʃ]
meubilair (het)	bútor	[bu:tor]
tafel (de)	asztal	[ɒstɒl]
bureaustoel (de)	munkaszék	[muŋkɒse:k]
ladeblok (het)	fiókos elem	[fjo:kos ɛlɛm]
kapstok (de)	fogas	[fogɒʃ]
computer (de)	számítógép	[sa:mi:to:ge:p]
printer (de)	nyomtató	[ɲomtɒto:]
fax (de)	fax	[fɒks]
kopieerapparaat (het)	másoló	[ma:ʃolo:]
papier (het)	papír	[pɒpi:r]
kantoorartikelen (mv.)	irodaszerek	[irodɒsɛrɛk]
muismat (de)	egérpad	[ɛge:rpɒd]
blad (het)	lap	[lɒp]
ordner (de)	irattartó	[irɒttɒrto:]
catalogus (de)	katalógus	[kɒtɒlo:guʃ]
telefoongids (de)	címkönyv	[tsi:mkønv]
documentatie (de)	dokumentáció	[dokumɛnta:tsjo:]
brochure (de)	brosúra	[broʃu:rɒ]
flyer (de)	röplap	[røplɒp]
monster (het), staal (de)	mintadarab	[mintɒdɒrɒb]
training (de)	tréning	[tre:niŋg]
vergadering (de)	értekezlet	[e:rtɛkɛzlɛt]
lunchpauze (de)	ebédszünet	[ɛbe:dsynɛt]
een kopie maken	lemásol	[lɛma:ʃol]
de kopieën maken	sokszoroz	[ʃoksoroz]
een fax ontvangen	faxot kap	[fɒksot kɒp]
een fax versturen	faxot küld	[fɒksot kyld]
opbellen (ww)	felhív	[fɛlhi:v]

T&P Books. Thematische woordenschat Nederlands-Hongaars - 5000 woorden

antwoorden (ww)	válaszol	[vaːlɒsol]
doorverbinden (ww)	összekapcsol	[øssɛkɒptʃol]
afspreken (ww)	megszervez	[mɛksɛrvɛz]
demonstreren (ww)	bemutat	[bɛmutɒt]
absent zijn (ww)	hiányzik	[hiaːɲzik]
afwezigheid (de)	távolmaradás	[taːvolmɒrɒdaːʃ]

70. Bedrijfsprocessen. Deel 1

zaak (de), beroep (het)	üzlet	[yzlɛt]
firma (de)	cég	[tseːg]
bedrijf (maatschap)	társaság	[taːrʃɒʃaːg]
corporatie (de)	vállalat	[vaːllɒlɒt]
onderneming (de)	vállalat	[vaːllɒlɒt]
agentschap (het)	ügynökség	[yɟnøkʃeːg]
overeenkomst (de)	egyezmény	[ɛɟːɛzmeːɲ]
contract (het)	szerződés	[sɛrzøːdeːʃ]
transactie (de)	ügylet	[yɟlɛt]
bestelling (de)	megrendelés	[mɛgrɛndɛleːʃ]
voorwaarde (de)	feltétel	[fɛlteːtɛl]
in het groot (bw)	nagyban	[nɒɟbɒn]
groothandels- (abn)	nagykereskedelmi	[nɒckɛrɛʃkɛdɛlmi]
groothandel (de)	nagykereskedelem	[nɒckɛrɛʃkɛdɛlɛm]
kleinhandels- (abn)	kiskereskedelmi	[kiʃkɛrɛʃkɛdɛlmi]
kleinhandel (de)	kiskereskedelem	[kiʃkɛrɛʃkɛdɛlɛm]
concurrent (de)	versenytárs	[vɛrʃɛɲtaːrʃ]
concurrentie (de)	verseny	[vɛrʃɛɲ]
concurreren (ww)	versenyez	[vɛrʃɛnɛz]
partner (de)	társ	[taːrʃ]
partnerschap (het)	partnerség	[pɒrtnɛrʃeːg]
crisis (de)	válság	[vaːlʃaːg]
bankroet (het)	csőd	[tʃøːd]
bankroet gaan (ww)	tönkremegy	[tøŋkrɛmɛɟ]
moeilijkheid (de)	nehézség	[nɛhɛːzʃeːg]
probleem (het)	probléma	[probleːmɒ]
catastrofe (de)	katasztrófa	[kɒtɒstroːfɒ]
economie (de)	gazdaság	[gɒzdɒʃaːg]
economisch (bn)	gazdasági	[gɒzdɒʃaːgi]
economische recessie (de)	gazdasági hanyatlás	[gɒzdɒʃaːgi hɒɲɒtlaːʃ]
doel (het)	cél	[tseːl]
taak (de)	feladat	[fɛlɒdɒt]
handelen (handel drijven)	kereskedik	[kɛrɛʃkɛdik]
netwerk (het)	háló	[haːloː]
voorraad (de)	raktár	[rɒktaːr]
assortiment (het)	választék	[vaːlɒsteːk]

leider (de)	vezető	[vɛzɛtø:]
groot (bn)	nagy	[nɒj]
monopolie (het)	monopólium	[monopo:lium]
theorie (de)	elmélet	[ɛlme:lɛt]
praktijk (de)	gyakorlat	[jokorlɒt]
ervaring (de)	tapasztalat	[tɒpɒstɒlɒt]
tendentie (de)	tendencia	[tɛndɛntsiɒ]
ontwikkeling (de)	fejlődés	[fɛjlø:de:ʃ]

71. Bedrijfsprocessen. Deel 2

voordeel (het)	előny	[ɛlø:ɲ]
voordelig (bn)	előnyös	[ɛlø:nøʃ]
delegatie (de)	küldöttség	[kyldøttʃe:g]
salaris (het)	fizetés	[fizɛte:ʃ]
corrigeren (fouten ~)	javít	[jɒvi:t]
zakenreis (de)	szolgálati utazás	[solga:lɒti utɒza:ʃ]
commissie (de)	bizottság	[bizottʃa:g]
controleren (ww)	ellenőriz	[ɛllɛnø:riz]
conferentie (de)	konferencia	[konfɛrɛntsiɒ]
licentie (de)	licencia	[litsɛntsiɒ]
betrouwbaar (partner, enz.)	megbízható	[mɛgbi:shɒto:]
aanzet (de)	kezdeményezés	[kɛzdɛme:nɛze:ʃ]
norm (bijv. ~ stellen)	szabvány	[sɒbva:ɲ]
omstandigheid (de)	körülmény	[kørylme:ɲ]
taak, plicht (de)	kötelesség	[køtɛlɛʃe:g]
organisatie (bedrijf, zaak)	szervezet	[sɛrvɛzɛt]
organisatie (proces)	szervezet	[sɛrvɛzɛt]
georganiseerd (bn)	szervezett	[sɛrvɛzɛtt]
afzegging (de)	törlés	[tørle:ʃ]
afzeggen (ww)	eltöröl	[ɛltørøl]
verslag (het)	beszámoló	[bɛsa:molo:]
patent (het)	szabadalom	[sɒbɒdɒlom]
patenteren (ww)	szabadalmaztat	[sɒbɒdɒlmɒztɒt]
plannen (ww)	tervez	[tɛrvɛz]
premie (de)	prémium	[pre:mjum]
professioneel (bn)	szakmai	[sɒkmɒi]
procedure (de)	eljárás	[ɛlja:ra:ʃ]
onderzoeken (contract, enz.)	vizsgál	[viʒga:l]
berekening (de)	számítás	[sa:mi:ta:ʃ]
reputatie (de)	hírnév	[hi:rne:v]
risico (het)	kockázat	[kotska:zɒt]
beheren (managen)	irányít	[ira:ni:t]
informatie (de)	tudnivalók	[tudnivɒlo:k]
eigendom (bezit)	tulajdon	[tulɒjdon]

unie (de)	szövetség	[søvɛtʃeːg]
levensverzekering (de)	életbiztosítás	[eːlɛt bistoʃiːtaːʃ]
verzekeren (ww)	biztosít	[bistoʃiːt]
verzekering (de)	biztosíték	[bistoʃiːteːk]
veiling (de)	árverés	[aːrvɛreːʃ]
verwittigen (ww)	értesít	[eːrtɛʃiːt]
beheer (het)	igazgatás	[igɔzgɒtaːʃ]
dienst (de)	szolgálat	[solgaːlɒt]
forum (het)	fórum	[foːrum]
functioneren (ww)	működik	[myːkødik]
stap, etappe (de)	szakasz	[sɒkɒs]
juridisch (bn)	jogi	[jogi]
jurist (de)	jogász	[jogaːs]

72. Productie. Werken

industriële installatie (fabriek)	gyár	[ɟaːr]
fabriek (de)	üzem	[yzɛm]
werkplaatsruimte (de)	műhely	[myːhɛj]
productielocatie (de)	üzem	[yzɛm]
industrie (de)	ipar	[ipɒr]
industrieel (bn)	ipari	[ipɒri]
zware industrie (de)	nehézipar	[nɛheːzipɒr]
lichte industrie (de)	könnyűipar	[kønɲyːipɒr]
productie (de)	termék	[tɛrmeːk]
produceren (ww)	termel	[tɛrmɛl]
grondstof (de)	nyersanyag	[ɲɛrʃɒɲɒg]
voorman, ploegbaas (de)	előmunkás	[ɛløːmuŋkaːʃ]
ploeg (de)	brigád	[brigaːd]
arbeider (de)	munkás	[muŋkaːʃ]
werkdag (de)	munkanap	[muŋkɒnɒp]
pauze (de)	szünet	[synɛt]
samenkomst (de)	gyűlés	[ɟyːleːʃ]
bespreken (spreken over)	megbeszél	[mɛgbɛseːl]
plan (het)	terv	[tɛrv]
het plan uitvoeren	tervet teljesít	[tɛrvɛt tɛjɛʃiːt]
productienorm (de)	norma	[normɒ]
kwaliteit (de)	minőség	[minøːʃeːg]
controle (de)	ellenőrzés	[ɛllɛnøːrzeːʃ]
kwaliteitscontrole (de)	minőség ellenőrzése	[minøːʃeːg ɛllɛnøːrzeːʃɛ]
arbeidsveiligheid (de)	munkabiztonság	[muŋkɒbistonʃaːg]
discipline (de)	fegyelem	[fɛɟɛlɛm]
overtreding (de)	megsértés	[mɛgʃeːrteːʃ]
overtreden (ww)	megsért	[mɛgʃeːrt]
staking (de)	sztrájk	[straːjk]
staker (de)	sztrájkoló	[straːjkoloː]

staken (ww)	sztrájkol	[strɑ:jkol]
vakbond (de)	szakszervezet	[sɒksɛrvɛzɛt]

uitvinden (machine, enz.)	feltalál	[fɛltɒlɑ:l]
uitvinding (de)	feltalálás	[fɛltɒlɑ:lɑ:ʃ]
onderzoek (het)	kutatás	[kutɒtɑ:ʃ]
verbeteren (beter maken)	megjavít	[mɛgjɒvi:t]
technologie (de)	technológia	[tɛhnolo:giɒ]
technische tekening (de)	tervrajz	[tɛrvrɒjz]

vracht (de)	teher	[tɛhɛr]
lader (de)	rakodómunkás	[rɒkodo:muŋkɑ:ʃ]
laden (vrachtwagen)	megrak	[mɛgrɒk]
laden (het)	berakás	[bɛrɒkɑ:ʃ]
lossen (ww)	kirak	[kirɒk]
lossen (het)	kirakás	[kirɒkɑ:ʃ]

transport (het)	közlekedés	[køzlɛkɛde:ʃ]
transportbedrijf (de)	szállítócég	[sɑ:lli:to:tse:g]
transporteren (ww)	szállít	[sɑ:lli:t]

goederenwagon (de)	tehervagon	[tɛhɛrvɒgon]
tank (bijv. ketelwagen)	ciszterna	[tsistɛrnɒ]
vrachtwagen (de)	kamion	[kɒmion]

machine (de)	szerszámgép	[sɛrsɑ:mge:p]
mechanisme (het)	szerkezet	[sɛrkɛzɛt]

industrieel afval (het)	hulladék	[hullɒde:k]
verpakking (de)	csomagolás	[tʃomɒgolɑ:ʃ]
verpakken (ww)	csomagol	[tʃomɒgol]

73. Contract. Overeenstemming

contract (het)	szerződés	[sɛrzø:de:ʃ]
overeenkomst (de)	megállapodás	[mɛgɑ:llɒpodɑ:ʃ]
bijlage (de)	melléklet	[mɛlle:klɛt]

een contract sluiten	szerződést köt	[sɛrzø:de:ʃt køt]
handtekening (de)	aláírás	[ɒlɑ:i:rɑ:ʃ]
ondertekenen (ww)	aláír	[ɒlɑ:i:r]
stempel (de)	pecsét	[pɛtʃe:t]

voorwerp (het) van de overeenkomst	szerződés tárgya	[sɛrzø:deʃ tɑ:rɟo]
clausule (de)	tétel	[te:tɛl]
partijen (mv.)	felek	[fɛlɛk]
vestigingsadres (het)	bejegyzett cím	[bɛjɛɟɛzɛtt tsi:m]

het contract verbreken (overtreden)	szerződést szeg	[sɛrzø:de:ʃt sɛg]
verplichting (de)	kötelezettség	[køtɛlɛzɛttʃe:g]
verantwoordelijkheid (de)	felelősség	[fɛlɛlø:ʃe:g]
overmacht (de)	vis maior	[vis mɒjor]

| geschil (het) | vita | [vitɒ] |
| sancties (mv.) | büntető szankciók | [byntɛtøː sɒŋktsioːk] |

74. Import & Export

import (de)	import	[import]
importeur (de)	importőr	[importøːr]
importeren (ww)	importál	[importaːl]
import- (abn)	import	[import]

| exporteur (de) | exportőr | [ɛskportøːr] |
| exporteren (ww) | exportál | [ɛksportaːl] |

| goederen (mv.) | áru | [aːru] |
| partij (de) | szállítmány | [saːlliːtmaːɲ] |

gewicht (het)	súly	[ʃuːj]
volume (het)	űrtartalom	[yːrtɒrtɒlom]
kubieke meter (de)	köbméter	[købmeːtɛr]

producent (de)	gyártó	[ɟaːrtoː]
transportbedrijf (de)	szállítócég	[saːlliːtoːtseːg]
container (de)	konténer	[konteːnɛr]

grens (de)	határ	[hɒtaːr]
douane (de)	vám	[vaːm]
douanerecht (het)	vám	[vaːm]
douanier (de)	vámos	[vaːmoʃ]
smokkelen (het)	csempészés	[ʧɛmpeːseːʃ]
smokkelwaar (de)	csempészáru	[ʧɛmpeːsaːru]

75. Financiën

aandeel (het)	részvény	[reːsveːɲ]
obligatie (de)	adóslevél	[ɒdoːʃlɛveːl]
wissel (de)	váltó	[vɒːltoː]

| beurs (de) | tőzsde | [tøːʒdɛ] |
| aandelenkoers (de) | tőzsdei árfolyam | [tøːʒdɛi aːrfojɒm] |

| dalen (ww) | olcsóbb lesz | [olʧoːbb lɛs] |
| stijgen (ww) | drágul | [draːgul] |

meerderheidsbelang (het)	többségi részesedést	[tøpʃeːgi reːsɛʃɛdeːʃt]
investeringen (mv.)	beruházás	[bɛruhaːzaːʃ]
investeren (ww)	beruház	[bɛruhaːz]
procent (het)	százalék	[saːzɒlɛːk]
rente (de)	kamat	[kɒmɒt]

winst (de)	nyereség	[ɲɛrɛʃeːg]
winstgevend (bn)	hasznot hozó	[hɒsnot hozoː]
belasting (de)	adó	[ɒdoː]

valuta (vreemde ~)	valuta	[vɒlutɒ]
nationaal (bn)	nemzeti	[nɛmzɛti]
ruil (de)	váltás	[vaːltaːʃ]
boekhouder (de)	könyvelő	[køɲvɛløː]
boekhouding (de)	könyvelés	[køɲvɛleːʃ]
bankroet (het)	csőd	[tʃøːd]
ondergang (de)	csőd	[tʃøːd]
faillissement (het)	tönkremenés	[tøŋkrɛmɛneːʃ]
geruïneerd zijn (ww)	tönkremegy	[tøŋkrɛmɛɟ]
inflatie (de)	infláció	[inflaːtsioː]
devaluatie (de)	értékcsökkentés	[eːrteːktʃøkkɛnteːʃ]
kapitaal (het)	tőke	[tøːkɛ]
inkomen (het)	bevétel	[bɛveːtɛl]
omzet (de)	forgalom	[forgɒlom]
middelen (mv.)	tartalékok	[tɒrtɒleːkok]
financiële middelen (mv.)	pénzeszközök	[peːns ɛskøzøk]
reduceren (kosten ~)	csökkent	[tʃøkkɛnt]

76. Marketing

marketing (de)	marketing	[mɒrkɛtiŋg]
markt (de)	piac	[piɒts]
marktsegment (het)	piacrész	[piɒtsreːs]
product (het)	termék	[tɛrmeːk]
goederen (mv.)	áru	[aːru]
merk (het)	márkanév	[maːrkɒneːv]
beeldmerk (het)	logó	[logoː]
logo (het)	logó	[logoː]
vraag (de)	kereslet	[kɛrɛʃlɛt]
aanbod (het)	kínálat	[kiːnaːlɒt]
behoefte (de)	igény	[igeːɲ]
consument (de)	fogyasztó	[foɟostoː]
analyse (de)	elemzés	[ɛlɛmzeːʃ]
analyseren (ww)	elemez	[ɛlɛmɛz]
positionering (de)	pozicionálás	[pozitsionaːlaːʃ]
positioneren (ww)	pozicionál	[pozitsionaːl]
prijs (de)	ár	[aːr]
prijspolitiek (de)	árpolitika	[aːrpolitikɒ]
prijsvorming (de)	árképzés	[aːrkeːpzeːʃ]

77. Reclame

reclame (de)	reklám	[rɛklaːm]
adverteren (ww)	reklámoz	[rɛklaːmoz]
budget (het)	költségvetés	[køltʃeːgvɛteːʃ]

Nederlands	Hongaars	Uitspraak
advertentie, reclame (de)	reklám	[rɛklaːm]
TV-reclame (de)	tévéreklám	[teːve rɛklaːm]
radioreclame (de)	rádióreklám	[raːdioːrɛklaːm]
buitenreclame (de)	külső reklám	[kylʃø rɛklaːm]
massamedia (de)	tömegtájékoztatási eszközök	[tømɛgtaːjeːkoztɒtaːʃi ɛskøzøk]
periodiek (de)	folyóirat	[fojoːjrɒt]
imago (het)	imázs	[imaːʒ]
slagzin (de)	jelszó	[jɛlsoː]
motto (het)	jelmondat	[jɛlmondɒt]
campagne (de)	kampány	[kɒmpaːɲ]
reclamecampagne (de)	reklámkampány	[rɛklaːm kɒmpaːɲ]
doelpubliek (het)	célcsoport	[tseːlt͡ʃoport]
visitekaartje (het)	névjegy	[neːvjɛɟ]
flyer (de)	röplap	[røplɒp]
brochure (de)	brosúra	[broʃuːrɒ]
folder (de)	brosúra	[broʃuːrɒ]
nieuwsbrief (de)	közlöny	[køzløɲ]
gevelreclame (de)	cégtábla	[tseːgtaːblɒ]
poster (de)	plakát	[plɒkaːt]
aanplakbord (het)	hirdetőtábla	[hirdɛtøːtaːblɒ]

78. Bankieren

Nederlands	Hongaars	Uitspraak
bank (de)	bank	[bɒŋk]
bankfiliaal (het)	fiók	[fioːk]
bankbediende (de)	tanácsadó	[tɒnaːt͡ʃɒdoː]
manager (de)	vezető	[vɛzɛtøː]
bankrekening (de)	számla	[saːmlɒ]
rekeningnummer (het)	számlaszám	[saːmlɒsaːm]
lopende rekening (de)	folyószámla	[fojoːsaːmlɒ]
spaarrekening (de)	megtakarítási számla	[mɛgtɒkɒritaːʃi saːmlɒ]
een rekening openen	számlát nyit	[saːmlaːt nit]
de rekening sluiten	zárolja a számlát	[zaːrojɒ ɒ saːmlaːt]
op rekening storten	számlára tesz	[saːmlaːrɒ tɛs]
opnemen (ww)	számláról lehív	[saːmlaːroːl lɛhiːv]
storting (de)	betét	[bɛteːt]
een storting maken	pénzt betesz	[peːnst bɛtɛs]
overschrijving (de)	átutalás	[aːtutɒlaːʃ]
een overschrijving maken	pénzt átutal	[peːnst aːtutɒl]
som (de)	összeg	[øssɛg]
Hoeveel?	Mennyi?	[mɛɲɲi]
handtekening (de)	aláírás	[ɒlaːiːraːʃ]
ondertekenen (ww)	aláír	[ɒlaːiːr]

kredietkaart (de)	hitelkártya	[hitɛlkɑ:rtɒ]
code (de)	kód	[ko:d]
kredietkaartnummer (het)	hitelkártya száma	[hitɛlkɑ:rtɒ sɑ:mɒ]
geldautomaat (de)	bankautomata	[bɒŋk ɒutomɒtɒ]
cheque (de)	csekk	[tʃɛkk]
een cheque uitschrijven	kiállítja a csekket	[kiɑ:lli:cɒ ɒ tʃɛkkɛt]
chequeboekje (het)	csekkkönyv	[tʃɛkkkøɲv]
lening, krediet (de)	hitel	[hitɛl]
een lening aanvragen	hitelért fordul	[hitɛlɛ:rt fordul]
een lening nemen	hitelt felvesz	[hitɛlt fɛlvɛs]
een lening verlenen	hitelt nyújt	[hitɛlt nju:jt]
garantie (de)	biztosíték	[bistoʃi:te:k]

79. Telefoon. Telefoongesprek

telefoon (de)	telefon	[tɛlɛfon]
mobieltje (het)	mobiltelefon	[mobiltɛlɛfon]
antwoordapparaat (het)	üzenetrögzítő	[yzɛnɛt røgzi:tø:]
bellen (ww)	felhív	[fɛlhi:v]
belletje (telefoontje)	felhívás	[fɛlhi:vɑ:ʃ]
een nummer draaien	telefonszámot tárcsáz	[tɛlɛfonsɑ:mot tɑ:rtʃɑ:z]
Hallo!	Halló!	[hɒllo:]
vragen (ww)	kérdez	[ke:rdɛz]
antwoorden (ww)	válaszol	[vɑ:lɒsol]
horen (ww)	hall	[hɒll]
goed (bw)	jól	[jo:l]
slecht (bw)	rosszul	[rossul]
storingen (mv.)	zavar	[zɒvɒr]
hoorn (de)	kagyló	[kɒɟlo:]
opnemen (ww)	kagylót felvesz	[kɒɟlo:t fɛlvɛs]
ophangen (ww)	kagylót letesz	[kɒɟlo:t lɛtɛs]
bezet (bn)	foglalt	[foglɒlt]
overgaan (ww)	csörög	[tʃørøg]
telefoonboek (het)	telefonkönyv	[tɛlɛfoŋkøɲv]
lokaal (bn)	helyi	[hɛji]
interlokaal (bn)	interurbán	[intɛrurbɑ:n]
buitenlands (bn)	nemzetközi	[nɛmzɛtkøzi]

80. Mobiele telefoon

mobieltje (het)	mobiltelefon	[mobiltɛlɛfon]
scherm (het)	kijelző	[kijɛlzø:]
toets, knop (de)	gomb	[gomb]
simkaart (de)	SIM kártya	[sim kɑ:rtɒ]

batterij (de) akkumulátor [ɒkkumula:tor]
leeg zijn (ww) kisül [kiʃyl]
acculader (de) telefontöltő [tɛlɛfon tøltø:]

menu (het) menü [mɛny]
instellingen (mv.) beállítások [bɛa:lli:ta:ʃok]
melodie (beltoon) dallam [dɒllɒm]
selecteren (ww) választ [va:lɒst]

rekenmachine (de) kalkulátor [kɒlkula:tor]
voicemail (de) üzenetrögzítő [yzɛnɛt røgzi:tø:]
wekker (de) ébresztőóra [e:brɛstø:o:rɒ]
contacten (mv.) telefonkönyv [tɛlɛfoŋkøɲv]

SMS-bericht (het) SMS [ɛʃɛmɛʃ]
abonnee (de) előfizető [ɛlø:fizɛtø:]

81. Schrijfbehoeften

balpen (de) golyóstoll [gojo:ʃtoll]
vulpen (de) töltőtoll [tøltø:toll]

potlood (het) ceruza [tsɛruzɒ]
marker (de) filctoll [filtstoll]
viltstift (de) filctoll [filtstoll]

notitieboekje (het) notesz [notɛs]
agenda (boekje) határidőnapló [hɒta:ridø:nɒplo:]

liniaal (de/het) vonalzó [vonɒlzo:]
rekenmachine (de) kalkulátor [kɒlkula:tor]
gom (de) radír [rɒdi:r]
punaise (de) rajzszeg [rɒjzsɛg]
paperclip (de) gémkapocs [ge:mkɒpotʃ]

lijm (de) ragasztó [rɒgɒsto:]
nietmachine (de) tűzőgép [ty:zø:ge:p]
perforator (de) lyukasztó [jukɒsto:]
potloodslijper (de) ceruzahegyező [tsɛruzɒhɛɟɛzø:]

82. Soorten bedrijven

boekhouddiensten (mv.) könyvelési [køɲvɛle:ʃi
 szolgáltatások solga:ltɒta:ʃok]
reclame (de) reklám [rɛkla:m]
reclamebureau (het) reklámiroda [rɛkla:m irodɒ]
airconditioning (de) légkondicionálók [le:gkonditsiona:lo:k]
luchtvaartmaatschappij (de) légitársaság [le:gi ta:rʃɒʃa:g]

alcoholische dranken (mv.) szeszesitalok [sɛsɛʃ itɒlok]
antiek (het) régiségkereskedés [re:giʃe:gkɛrɛʃkɛde:ʃ]
kunstgalerie (de) galéria [gɒle:riɒ]

audit diensten (mv.)	számlaellenőrzés	[saːmlɒɛllɛnøːrzeːʃ]
banken (mv.)	banküzlet	[bɒŋkyzlɛt]
bar (de)	bár	[baːr]
schoonheidssalon (de/het)	szépségszalon	[seːpʃeːgsɒlon]
boekhandel (de)	könyvesbolt	[kønvɛʃbolt]
bierbrouwerij (de)	sörfőzde	[ʃørføːzdɛ]
zakencentrum (het)	üzletközpont	[yzlɛtkøspont]
business school (de)	üzleti iskola	[yzlɛti iʃkolɒ]

casino (het)	kaszinó	[kɒsinoː]
bouwbedrijven (mv.)	építés	[eːpiːteːʃ]
adviesbureau (het)	tanácsadás	[tɒnaːtʃɒdaːʃ]

tandheelkunde (de)	fogászat	[fogaːsɒt]
design (het)	dizájn	[dizaːjn]
apotheek (de)	gyógyszertár	[ɟøːɟsɛrtaːr]
stomerij (de)	vegytisztítás	[vɛɟtistiːtaːʃ]
uitzendbureau (het)	munkaközvetítő	[muŋkɒkøzvɛtiːtøː]

financiële diensten (mv.)	pénzügyi szolgáltatások	[peːnzyɟi solgaːltɒtaːʃok]
voedingswaren (mv.)	élelmiszer	[eːlɛlmisɛr]
uitvaartcentrum (het)	temetkezési vállalat	[tɛmɛtkɛzeːʃi vaːllɒlɒt]
meubilair (het)	bútor	[buːtor]
kleding (de)	ruha	[ruhɒ]
hotel (het)	szálloda	[saːllodɒ]

ijsje (het)	fagylalt	[fɒɟlɒlt]
industrie (de)	ipar	[ipɒr]
verzekering (de)	biztosítás	[biztoʃiːtaːʃ]
Internet (het)	internet	[intɛrnɛt]
investeringen (mv.)	beruházás	[bɛruhaːzaːʃ]

juwelier (de)	ékszerész	[eːksɛreːs]
juwelen (mv.)	ékszerek	[eːksɛrɛk]
wasserette (de)	mosoda	[moʃodɒ]
juridische diensten (mv.)	jogi tanácsadás	[jogi tɒnaːtʃɒdaːʃ]
lichte industrie (de)	könnyűipar	[kønɲyːipɒr]

tijdschrift (het)	folyóirat	[fojoːjrɒt]
postorderbedrijven (mv.)	csomagküldőkereskedelem	[tʃomɒgkyldøːkɛrɛʃkɛdɛlɛm]
medicijnen (mv.)	orvostudomány	[orvoʃtudomaːɲ]
bioscoop (de)	mozi	[mozi]
museum (het)	múzeum	[muːzɛum]

persbureau (het)	tájékoztató iroda	[taːjeːkoztɒtoː irodɒ]
krant (de)	újság	[uːjʃaːg]
nachtclub (de)	éjjeli klub	[eːjjɛli klub]

olie (aardolie)	nyersolaj	[ɲɛrʃolɒj]
koerierdienst (de)	futárszolgálatok	[futaːr solgaːlɒtok]
farmacie (de)	gyógyszerészet	[ɟøːɟsɛreːsɛt]
drukkerij (de)	nyomdaipar	[ɲomdɒ ipɒr]
uitgeverij (de)	kiadó	[kiɒdoː]

radio (de)	rádió	[raːdioː]
vastgoed (het)	ingatlan	[iŋgɒtlɒn]

restaurant (het)	étterem	[e:ttɛrɛm]
bewakingsfirma (de)	őrszolgálat	[ø:rsolga:lɒt]
sport (de)	sport	[ʃport]
handelsbeurs (de)	tőzsde	[tø:ʒdɛ]
winkel (de)	bolt	[bolt]
supermarkt (de)	szupermarket	[supɛrmɒrkɛt]
zwembad (het)	uszoda	[usodɒ]
naaiatelier (het)	szalon	[sɒlon]
televisie (de)	televízió	[tɛlɛvi:zio:]
theater (het)	színház	[si:nha:z]
handel (de)	kereskedelem	[kɛrɛʃkɛdɛlɛm]
transport (het)	fuvarozás	[fuvɒroza:ʃ]
toerisme (het)	turizmus	[turizmuʃ]
dierenarts (de)	állatorvos	[a:llɒt orvoʃ]
magazijn (het)	raktár	[rɒkta:r]
afvalinzameling (de)	szemét elszállítása	[sɛme:t ɛlsa:lli:ta:ʃɒ]

Baan. Business. Deel 2

83. Show. Tentoonstelling

beurs (de)	kiállítás	[kia:lli:taːʃ]
vakbeurs, handelsbeurs (de)	kereskedelmi kiállítás	[kɛrɛʃkɛdɛlmi kia:lli:taːʃ]
deelneming (de)	részvétel	[re:sve:tɛl]
deelnemen (ww)	részt vesz	[re:st vɛs]
deelnemer (de)	résztvevő	[re:stvɛvø:]
directeur (de)	igazgató	[igɒzgɒto:]
organisatiecomité (het)	igazgatóság	[igɒzgɒto:ʃa:g]
organisator (de)	szervező	[sɛrvɛzø:]
organiseren (ww)	szervez	[sɛrvɛz]
deelnemingsaanvraag (de)	részvételi jelentkezés	[re:sve:tɛli jɛlɛntkɛze:ʃ]
invullen (een formulier ~)	kitölt	[kitølt]
details (mv.)	részletek	[re:slɛtɛk]
informatie (de)	információ	[informa:tsio:]
prijs (de)	ár	[a:r]
inclusief (bijv. ~ BTW)	beleértve	[bɛlɛje:rtvɛ]
inbegrepen (alles ~)	magába foglal	[mɒga:bɒ foglɒl]
betalen (ww)	fizet	[fizɛt]
registratietarief (het)	regisztrációs díj	[rɛgistra:tsio:ʃ di:j]
ingang (de)	bejárat	[bɛja:rɒt]
paviljoen (het), hal (de)	csarnok	[tʃɒrnok]
registreren (ww)	regisztrál	[rɛgistra:l]
badge, kaart (de)	jelvény	[jɛlve:ɲ]
beursstand (de)	kiállítási állvány	[kia:lli:ta:ʃi a:llva:ɲ]
reserveren (een stand ~)	foglal	[foglɒl]
vitrine (de)	kirakat	[kirɒkɒt]
licht (het)	fényvető	[fe:ɲvɛtø:]
design (het)	dizájn	[diza:jn]
plaatsen (ww)	elhelyez	[ɛlhɛjɛz]
distributeur (de)	terjesztő	[tɛrjɛstø:]
leverancier (de)	szállító	[sa:lli:to:]
land (het)	ország	[orsa:g]
buitenlands (bn)	idegen	[idɛgɛn]
product (het)	termék	[tɛrme:k]
associatie (de)	egyesület	[ɛɟɛʃylɛt]
conferentiezaal (de)	ülésterem	[yle:ʃ tɛrɛm]
congres (het)	kongresszus	[koŋgrɛssuʃ]

wedstrijd (de)	pályázat	[paːjaːzɒt]
bezoeker (de)	látogató	[laːtogɒtoː]
bezoeken (ww)	látogat	[laːtogɒt]
afnemer (de)	megrendelő	[mɛgrɛndɛløː]

84. Wetenschap. Onderzoek. Wetenschappers

wetenschap (de)	tudomány	[tudomaːɲ]
wetenschappelijk (bn)	tudományos	[tudomaːnøʃ]
wetenschapper (de)	tudós	[tudoːʃ]
theorie (de)	elmélet	[ɛlmeːlɛt]

axioma (het)	axióma	[ɒksioːmɒ]
analyse (de)	elemzés	[ɛlɛmzeːʃ]
analyseren (ww)	elemez	[ɛlɛmɛz]
argument (het)	érv	[eːrv]
substantie (de)	anyag	[ɒɲɒg]

hypothese (de)	hipotézis	[hipoteːziʃ]
dilemma (het)	dilemma	[dilɛmmɒ]
dissertatie (de)	disszertáció	[dissɛrtaːtsioː]
dogma (het)	dogma	[dogmɒ]

doctrine (de)	tan	[tɒn]
onderzoek (het)	kutatás	[kutɒtaːʃ]
onderzoeken (ww)	kutat	[kutɒt]
toetsing (de)	ellenőrzés	[ɛllɛnøːrzeːʃ]
laboratorium (het)	laboratórium	[lɒborɒtoːrium]

methode (de)	módszer	[moːdsɛr]
molecule (de/het)	molekula	[molɛkulɒ]
monitoring (de)	ellenőrzés	[ɛllɛnøːrzeːʃ]
ontdekking (de)	felfedezés	[fɛlfɛdɛzeːʃ]

postulaat (het)	posztulátum	[postulaːtum]
principe (het)	elv	[ɛlv]
voorspelling (de)	prognózis	[prognoːziʃ]
een prognose maken	prognózist készít	[prognoːziʃt keːsiːt]

synthese (de)	szintézis	[sinteːziʃ]
tendentie (de)	tendencia	[tɛndɛntsiɒ]
theorema (het)	tétel	[teːtɛl]

leerstellingen (mv.)	tanítás	[tɒniːtaːʃ]
feit (het)	tény	[teːɲ]
expeditie (de)	kutatóút	[kutɒtoːuːt]
experiment (het)	kísérlet	[kiːʃeːrlɛt]

academicus (de)	akadémikus	[ɒkɒdeːmikuʃ]
bachelor (bijv. BA, LLB)	baccalaureatus	[bɒkkɒlɒurɛaːtuʃ]
doctor (de)	doktor	[doktor]
universitair docent (de)	docens	[dotsɛnʃ]
master, magister (de)	magiszter	[mɒgistɛr]
professor (de)	professzor	[profɛssor]

Beroepen en ambachten

85. Zoeken naar werk. Ontslag

baan (de)	munkahely	[muŋkɔhɛj]
personeel (het)	személyzet	[sɛme:jzɛt]
carrière (de)	karrier	[kɔrriɛr]
vooruitzichten (mv.)	távlat	[ta:vlɒt]
meesterschap (het)	képesség	[ke:pɛʃe:g]
keuze (de)	kiválasztás	[kiva:lɒsta:ʃ]
uitzendbureau (het)	munkaközvetítő	[muŋkɔkøzvɛti:tø:]
CV, curriculum vitae (het)	rezümé	[rɛzyme:]
sollicitatiegesprek (het)	felvételi interjú	[fɛlve:tɛli intɛrju:]
vacature (de)	betöltetlen állás	[bɛtøltɛtlɛn a:lla:ʃ]
salaris (het)	fizetés	[fizɛte:ʃ]
vaste salaris (het)	bér	[be:r]
loon (het)	fizetés	[fizɛte:ʃ]
betrekking (de)	állás	[a:lla:ʃ]
taak, plicht (de)	kötelezettség	[køtɛlɛzɛttʃe:g]
takenpakket (het)	munkakör	[muŋkɔkør]
bezig (~ zijn)	foglalt	[foglɒlt]
ontslagen (ww)	elbocsát	[ɛlbotʃa:t]
ontslag (het)	elbocsátás	[ɛlbotʃa:ta:ʃ]
werkloosheid (de)	munkanélküliség	[muŋkɔne:lkyliʃe:g]
werkloze (de)	munkanélküli	[muŋkɔne:lkyli]
pensioen (het)	nyugdíj	[ɲugdi:j]
met pensioen gaan	nyugdíjba megy	[ɲugdi:jbɒ mɛɟ]

86. Zakenmensen

directeur (de)	igazgató	[igɒzgɒto:]
beheerder (de)	vezető	[vɛzɛtø:]
hoofd (het)	főnök	[fø:nøk]
baas (de)	főnök	[fø:nøk]
superieuren (mv.)	vezetőség	[vɛzɛtø:ʃe:g]
president (de)	elnök	[ɛlnøk]
voorzitter (de)	elnök	[ɛlnøk]
adjunct (de)	helyettes	[hɛjɛttɛʃ]
assistent (de)	segéd	[ʃɛge:d]
secretaris (de)	titkár	[titka:r]

persoonlijke assistent (de)	személyes titkár	[sɛmeːjɛʃ titkaːr]
zakenman (de)	üzletember	[yzlɛtɛmbɛr]
ondernemer (de)	vállakozó	[vaːllɒlkozoː]
oprichter (de)	alapító	[ɒlɒpiːtoː]
oprichten	alapít	[ɒlɒpiːt]
(een nieuw bedrijf ~)		

stichter (de)	alapító	[ɒlɒpiːtoː]
partner (de)	partner	[pɒrtnɛr]
aandeelhouder (de)	részvényes	[reːsveːnɛʃ]

miljonair (de)	milliomos	[milliomoʃ]
miljardair (de)	milliárdos	[milliaːrdoʃ]
eigenaar (de)	tulajdonos	[tulɒjdonoʃ]
landeigenaar (de)	földbirtokos	[føldbirtokoʃ]

klant (de)	ügyfél	[yɟfeːl]
vaste klant (de)	törzsügyfél	[tørʒ yɟfeːl]
koper (de)	vevő	[vɛvøː]
bezoeker (de)	látogató	[laːtogɒtoː]

professioneel (de)	szakember	[sɒkɛmbɛr]
expert (de)	szakértő	[sɒkeːrtøː]
specialist (de)	specialista	[spɛtsialista]

| bankier (de) | bankár | [bɒŋkaːr] |
| makelaar (de) | ügynök | [yɟnøk] |

kassier (de)	pénztáros	[peːnstaːroʃ]
boekhouder (de)	könyvelő	[køɲvɛløː]
bewaker (de)	biztonsági őr	[bistonʃaːgi øːr]

investeerder (de)	befektető	[bɛfɛktɛtøː]
schuldenaar (de)	adós	[ɒdoːʃ]
crediteur (de)	hitelező	[hitɛlɛzøː]
lener (de)	kölcsönvevő	[køltʃønvɛvøː]

| importeur (de) | importőr | [importøːr] |
| exporteur (de) | exportőr | [ɛskportøːr] |

producent (de)	gyártó	[ɟaːrtoː]
distributeur (de)	terjesztő	[tɛrjɛstøː]
bemiddelaar (de)	közvetítő	[køzvɛtiːtøː]

adviseur, consulent (de)	tanácsadó	[tɒnaːtʃɒdoː]
vertegenwoordiger (de)	képviselő	[keːpviʃɛløː]
agent (de)	ügynök	[yɟnøk]
verzekeringsagent (de)	biztosítási ügynök	[bistoʃiːtaːʃi yɟnøk]

87. Dienstverlenende beroepen

kok (de)	szakács	[sɒkaːtʃ]
chef-kok (de)	főszakács	[føːsɒkaːtʃ]
bakker (de)	pék	[peːk]

barman (de)	bármixer	[ba:rmiksɛr]
kelner, ober (de)	pincér	[pintse:r]
serveerster (de)	pincérnő	[pintse:rnø:]
advocaat (de)	ügyvéd	[yjve:d]
jurist (de)	jogász	[joga:s]
notaris (de)	közjegyző	[køzjɛɟzø:]
elektricien (de)	villanyszerelő	[villɒɲsɛrɛlø:]
loodgieter (de)	vízvezetékszerelő	[vi:zvɛzɛte:ksɛrɛlø:]
timmerman (de)	ács	[a:tʃ]
masseur (de)	masszírozó	[mɒssi:rozo:]
masseuse (de)	masszírozónő	[mɒssi:rozo:nø:]
dokter, arts (de)	orvos	[orvoʃ]
taxichauffeur (de)	taxis	[tɒksiʃ]
chauffeur (de)	sofőr	[ʃofø:r]
koerier (de)	küldönc	[kyldønts]
kamermeisje (het)	szobalány	[sobɒla:ɲ]
bewaker (de)	biztonsági őr	[bistonʃa:gi ø:r]
stewardess (de)	légikisasszony	[le:gikiʃɒssoɲ]
meester (de)	tanár	[tɒna:r]
bibliothecaris (de)	könyvtáros	[køɲvta:roʃ]
vertaler (de)	fordító	[fordi:to:]
tolk (de)	tolmács	[tolma:tʃ]
gids (de)	idegenvezető	[idɛgɛn vɛzɛtø:]
kapper (de)	fodrász	[fodra:s]
postbode (de)	postás	[poʃta:ʃ]
verkoper (de)	eladó	[ɛlɒdo:]
tuinman (de)	kertész	[kɛrte:s]
huisbediende (de)	szolga	[solgɒ]
dienstmeisje (het)	szolgálóleány	[solga:lo: lɛa:ɲ]
schoonmaakster (de)	takarítónő	[tɒkɒri:to:nø:]

88. Militaire beroepen en rangen

soldaat (rang)	közlegény	[køzlɛge:ɲ]
sergeant (de)	szakaszvezető	[sɒkɒsvɛzɛtø:]
luitenant (de)	hadnagy	[hɒdnɒɟ]
kapitein (de)	százados	[sa:zɒdoʃ]
majoor (de)	őrnagy	[ø:rnɒɟ]
kolonel (de)	ezredes	[ɛzrɛdɛʃ]
generaal (de)	tábornok	[ta:bornok]
maarschalk (de)	tábornagy	[ta:bornɒɟ]
admiraal (de)	tengernagy	[tɛŋgɛrnɒɟ]
militair (de)	katona	[kɒtonɒ]
soldaat (de)	katona	[kɒtonɒ]

officier (de)	tiszt	[tist]
commandant (de)	parancsnok	[pɒrɒntʃnok]

grenswachter (de)	határőr	[hɒta:rø:r]
marconist (de)	rádiós	[ra:dio:ʃ]
verkenner (de)	felderítő	[fɛldɛri:tø:]
sappeur (de)	árkász	[a:rka:s]
schutter (de)	lövész	[løve:s]
stuurman (de)	kormányos	[korma:nøʃ]

89. Ambtenaren. Priesters

koning (de)	király	[kira:j]
koningin (de)	királynő	[kira:jnø:]

prins (de)	herceg	[hɛrtsɛg]
prinses (de)	hercegnő	[hɛrtsɛgnø:]

tsaar (de)	cár	[tsa:r]
tsarina (de)	cárné	[tsa:rne:]

president (de)	elnök	[ɛlnøk]
minister (de)	miniszter	[ministɛr]
eerste minister (de)	miniszterelnök	[ministɛrɛlnøk]
senator (de)	szenátor	[sɛna:tor]

diplomaat (de)	diplomata	[diplomɒtɒ]
consul (de)	konzul	[konzul]
ambassadeur (de)	nagykövet	[nɒckøvɛt]
adviseur (de)	tanácsadó	[tɒna:tʃɒdo:]

ambtenaar (de)	hivatalnok	[hivɒtɒlnok]
prefect (de)	polgármester	[polga:rmɛʃtɛr]
burgemeester (de)	polgármester	[polga:rmɛʃtɛr]

rechter (de)	bíró	[bi:ro:]
aanklager (de)	államügyész	[a:llomyjɛ:s]

missionaris (de)	hittérítő	[hitte:ri:tø:]
monnik (de)	barát	[bɒra:t]
abt (de)	apát	[ɒpa:t]
rabbi, rabbijn (de)	rabbi	[rɒbbi]

vizier (de)	vezír	[vɛzi:r]
sjah (de)	sah	[ʃɒh]
sjeik (de)	sejk	[ʃɛjk]

90. Agrarische beroepen

imker (de)	méhész	[me:he:s]
herder (de)	pásztor	[pa:stor]
landbouwkundige (de)	agronómus	[ɒgrono:muʃ]

veehouder (de)	állattenyésztő	[aːllɒt tɛneːstøː]
dierenarts (de)	állatorvos	[aːllɒt orvoʃ]
landbouwer (de)	gazda	[gɒzdɒ]
wijnmaker (de)	bortermelő	[bortɛrmɛløː]
zoöloog (de)	zoológus	[zooloːguʃ]
cowboy (de)	cowboy	[kovboj]

91. Kunst beroepen

acteur (de)	színész	[siːneːs]
actrice (de)	színésznő	[siːneːsnøː]
zanger (de)	énekes	[eːnɛkɛʃ]
zangeres (de)	énekesnő	[eːnɛkɛʃnøː]
danser (de)	táncos	[taːntsoʃ]
danseres (de)	táncos nő	[taːntsoʃ nøː]
artiest (mann.)	művész	[myːveːs]
artiest (vrouw.)	művésznő	[myːveːsnøː]
muzikant (de)	zenész	[zɛneːs]
pianist (de)	zongoraművész	[zoŋgorɒmyːveːs]
gitarist (de)	gitáros	[gitaːroʃ]
orkestdirigent (de)	karmester	[kɒrmɛʃtɛr]
componist (de)	zeneszerző	[zɛnɛsɛrzøː]
impresario (de)	impresszárió	[imprɛssaːrioː]
filmregisseur (de)	rendező	[rɛndɛzøː]
filmproducent (de)	producer	[produsɛr]
scenarioschrijver (de)	forgatókönyvíró	[forgɒtoːkøɲviːroː]
criticus (de)	kritikus	[kritikuʃ]
schrijver (de)	író	[iːroː]
dichter (de)	költő	[køltøː]
beeldhouwer (de)	szobrász	[sobraːs]
kunstenaar (de)	festő	[fɛʃtøː]
jongleur (de)	zsonglőr	[ʒoŋgløːr]
clown (de)	bohóc	[bohoːts]
acrobaat (de)	akrobata	[ɒkrobɒtɒ]
goochelaar (de)	bűvész	[byːveːs]

92. Verschillende beroepen

dokter, arts (de)	orvos	[orvoʃ]
ziekenzuster (de)	nővér	[nøːveːr]
psychiater (de)	elmeorvos	[ɛlmɛorvoʃ]
tandarts (de)	fogorvos	[fogorvoʃ]
chirurg (de)	sebész	[ʃɛbeːs]

astronaut (de)	űrhajós	[yːrhɔjoːʃ]
astronoom (de)	csillagász	[tʃillɒgaːs]
piloot (de)	pilóta	[piloːtɒ]

chauffeur (de)	sofőr	[ʃoføːr]
machinist (de)	vezető	[vɛzɛtøː]
mecanicien (de)	gépész	[geːpeːs]

mijnwerker (de)	bányász	[baːnjaːs]
arbeider (de)	munkás	[muŋkaːʃ]
bankwerker (de)	lakatos	[lɒkɒtoʃ]
houtbewerker (de)	asztalos	[ɒstɒloʃ]
draaier (de)	esztergályos	[ɛstɛrgaːjoʃ]
bouwvakker (de)	építő	[eːpiːtøː]
lasser (de)	hegesztő	[hɛgɛstøː]

professor (de)	professzor	[profɛssor]
architect (de)	építész	[eːpiːteːs]
historicus (de)	történész	[tørteːneːs]
wetenschapper (de)	tudós	[tudoːʃ]
fysicus (de)	fizikus	[fizikuʃ]
scheikundige (de)	vegyész	[vɛɟeːs]

archeoloog (de)	régész	[reːgeːs]
geoloog (de)	geológus	[gɛoloːguʃ]
onderzoeker (de)	kutató	[kutɒtoː]

babysitter (de)	dajka	[dɒjkɒ]
leraar, pedagoog (de)	tanár	[tɒnaːr]

redacteur (de)	szerkesztő	[sɛrkɛstøː]
chef-redacteur (de)	főszerkesztő	[føːsɛrkɛstøː]
correspondent (de)	tudósító	[tudoːʃiːtoː]
typiste (de)	gépírónő	[geːpiːroːnøː]

designer (de)	formatervező	[formɒtɛrvɛzøː]
computerexpert (de)	számítógép speciálista	[saːmiːtoːgeːp ʃpɛtsiaːliʃtɒ]
programmeur (de)	programozó	[progrɒmozoː]
ingenieur (de)	mérnök	[meːrnøk]

matroos (de)	tengerész	[tɛŋgɛreːs]
zeeman (de)	tengerész	[tɛŋgɛreːs]
redder (de)	mentő	[mɛntøː]

brandweerman (de)	tűzoltó	[tyːzoltoː]
politieagent (de)	rendőr	[rɛndøːr]
nachtwaker (de)	éjjeliőr	[eːjjɛliøːr]
detective (de)	nyomozó	[ɲomozoː]

douanier (de)	vámos	[vaːmoʃ]
lijfwacht (de)	testőr	[tɛʃtøːr]
gevangenisbewaker (de)	börtönőr	[børtønøːr]
inspecteur (de)	felügyelő	[fɛlyɟɛløː]
sportman (de)	sportoló	[ʃportoloː]
trainer (de)	edző	[ɛdzøː]

slager, beenhouwer (de)	hentes	[hɛntɛʃ]
schoenlapper (de)	cipész	[tsipe:s]
handelaar (de)	kereskedő	[kɛrɛʃkɛdø:]
lader (de)	rakodómunkás	[rɒkodo:muŋka:ʃ]
kledingstilist (de)	divattervező	[divɒt tɛrvɛzø:]
model (het)	modell	[modɛll]

93. Beroepen. Sociale status

scholier (de)	diák	[dia:k]
student (de)	hallgató	[hɒllgɒto:]
filosoof (de)	filozófus	[filozo:fuʃ]
econoom (de)	közgazdász	[køzgɒzda:ʃ]
uitvinder (de)	feltaláló	[fɛltɒla:lo:]
werkloze (de)	munkanélküli	[muŋkɒne:lkyli]
gepensioneerde (de)	nyugdíjas	[ɲugdi:jɒʃ]
spion (de)	kém	[ke:m]
gedetineerde (de)	fogoly	[fogoj]
staker (de)	sztrájkoló	[stra:jkolo:]
bureaucraat (de)	bürokrata	[byrokrɒtɒ]
reiziger (de)	utazó	[utɒzo:]
homoseksueel (de)	homoszexuális	[homosɛksua:liʃ]
hacker (computerkraker)	hacker	[hɒkɛr]
bandiet (de)	bandita	[bɒnditɒ]
huurmoordenaar (de)	bérgyilkos	[be:rɟilkoʃ]
drugsverslaafde (de)	narkós	[nɒrko:ʃ]
drugshandelaar (de)	kábítószerkereskedő	[ka:bi:to:sɛrkɛrɛʃkɛdø]
prostituee (de)	prostituált	[proʃtitua:lt]
pooier (de)	strici	[ʃtritsi]
tovenaar (de)	varázsló	[vɒra:ʒlo:]
tovenares (de)	boszorkány	[bosorka:ɲ]
piraat (de)	kalóz	[kɒlo:z]
slaaf (de)	rab	[rɒb]
samoerai (de)	szamuráj	[sɒmura:j]
wilde (de)	vadember	[vɒdɛmbɛr]

Onderwijs

94. School

school (de)	iskola	[iʃkolɒ]
schooldirecteur (de)	iskolaigazgató	[iʃkolɒ igɒzgɒtoː]
leerling (de)	diák	[diaːk]
leerlinge (de)	diáklány	[diaːklaːɲ]
scholier (de)	diák	[diaːk]
scholiere (de)	diáklány	[diaːklaːɲ]
leren (lesgeven)	tanít	[tɒniːt]
studeren (bijv. een taal ~)	tanul	[tɒnul]
van buiten leren	kívülről tanul	[kiːvylrøːl tɒnul]
leren (bijv. ~ tellen)	tanul	[tɒnul]
in school zijn	tanul	[tɒnul]
(schooljongen zijn)		
naar school gaan	iskolába jár	[iʃkolaːbɒ jaːr]
alfabet (het)	ábécé	[aːbeːtseː]
vak (schoolvak)	tantárgy	[tɒntaːrɟ]
klaslokaal (het)	tanterem	[tɒntɛrɛm]
les (de)	tanóra	[tɒnoːrɒ]
pauze (de)	szünet	[synɛt]
bel (de)	csengő	[tʃɛŋgøː]
schooltafel (de)	pad	[pɒd]
schoolbord (het)	tábla	[taːblɒ]
cijfer (het)	jegy	[jɛɟ]
goed cijfer (het)	jó jegy	[joː jɛɟ]
slecht cijfer (het)	rossz jegy	[ross jɛɟ]
een cijfer geven	jegyet ad	[jɛɟɛt ɒd]
fout (de)	hiba	[hibɒ]
fouten maken	hibázik	[hibaːzik]
corrigeren (fouten ~)	javít	[jɒviːt]
spiekbriefje (het)	puska	[puʃkɒ]
huiswerk (het)	házi feladat	[haːzi fɛlɒdɒt]
oefening (de)	gyakorlat	[ɟɒkorlɒt]
aanwezig zijn (ww)	jelen van	[jɛlɛn vɒn]
absent zijn (ww)	hiányzik	[hiaːɲzik]
bestraffen (een stout kind ~)	büntet	[byntɛt]
bestraffing (de)	büntetés	[byntɛteːʃ]
gedrag (het)	magatartás	[mɒgɒtɒrtaːʃ]

cijferlijst (de)	iskolai bizonyítvány	[iʃkolɒi+U3738 bizoɲi:tvaːɲ]
potlood (het)	ceruza	[tsɛruzɒ]
gom (de)	radír	[rɒdiːr]
krijt (het)	kréta	[kreːtɒ]
pennendoos (de)	tolltartó	[tolltɒrtoː]

boekentas (de)	iskolatáska	[iʃkolɒtaːʃkɒ]
pen (de)	toll	[toll]
schrift (de)	füzet	[fyzɛt]
leerboek (het)	tankönyv	[tɒŋkøɲv]
passer (de)	körző	[kørzøː]

technisch tekenen (ww)	rajzol	[rɒjzol]
technische tekening (de)	tervrajz	[tɛrvrɒjz]

gedicht (het)	vers	[vɛrʃ]
van buiten (bw)	kívülről	[kiːvylrøːl]
van buiten leren	kívülről tanul	[kiːvylrøːl tɒnul]

vakantie (de)	szünet	[synɛt]
met vakantie zijn	szünidőt tölti	[synidøːt tølti]

toets (schriftelijke ~)	dolgozat	[dolgozɒt]
opstel (het)	fogalmazás	[fogɒlmɒzaːʃ]
dictee (het)	diktandó	[diktɒndoː]

examen (het)	vizsga	[viʒgɒ]
examen afleggen	vizsgázik	[viʒgaːzik]
experiment (het)	kísérlet	[kiːʃeːrlɛt]

95. Hogeschool. Universiteit

academie (de)	akadémia	[ɒkɒdeːmiɒ]
universiteit (de)	egyetem	[ɛɟɛtɛm]
faculteit (de)	kar	[kɒr]

student (de)	diák	[diaːk]
studente (de)	diáklány	[diaːklaːɲ]
leraar (de)	tanár	[tɒnaːr]

collegezaal (de)	tanterem	[tɒntɛrɛm]
afgestudeerde (de)	végzős	[veːgzøːʃ]

diploma (het)	szakdolgozat	[sɒgdolgozɒt]
dissertatie (de)	disszertáció	[dissɛrtaːtsioː]

onderzoek (het)	kutatás	[kutɒtaːʃ]
laboratorium (het)	laboratórium	[lɒborɒtoːrium]

college (het)	előadás	[ɛløːɒdaːʃ]
medestudent (de)	évfolyamtárs	[eːvfojɒm taːrʃ]

studiebeurs (de)	ösztöndíj	[østøndiːj]
academische graad (de)	tudományos fokozat	[tudomaːnøʃ fokozɒt]

96. Wetenschappen. Disciplines

wiskunde (de)	matematika	[mɒtɛmɒtikɒ]
algebra (de)	algebra	[ɒlgɛbrɒ]
meetkunde (de)	mértan	[mɛːrtɒn]
astronomie (de)	csillagászat	[tʃillɒgaːsɒt]
biologie (de)	biológia	[bioloːgiɒ]
geografie (de)	földrajz	[føldrɒjz]
geologie (de)	földtan	[følttɒn]
geschiedenis (de)	történelem	[tørteːnɛlɛm]
geneeskunde (de)	orvostudomány	[orvoʃtudomaːɲ]
pedagogiek (de)	pedagógia	[pɛdɒgoːgiɒ]
rechten (mv.)	jog	[jog]
fysica, natuurkunde (de)	fizika	[fizikɒ]
scheikunde (de)	kémia	[keːmiɒ]
filosofie (de)	filozófia	[filozoːfiɒ]
psychologie (de)	lélektan	[leːlɛktɒn]

97. Schrift. Spelling

grammatica (de)	nyelvtan	[ɲɛlvtɒn]
vocabulaire (het)	szókincs	[soːkintʃ]
fonetiek (de)	hangtan	[hɒŋgtɒn]
zelfstandig naamwoord (het)	főnév	[føːneːv]
bijvoeglijk naamwoord (het)	melléknév	[mɛlleːkneːv]
werkwoord (het)	ige	[igɛ]
bijwoord (het)	határozószó	[hɒtaːrozoːsoː]
voornaamwoord (het)	névmás	[neːvmaːʃ]
tussenwerpsel (het)	indulatszó	[indulɒtsoː]
voorzetsel (het)	elöljárószó	[ɛløljaːroːsoː]
stam (de)	szógyök	[soːɟøk]
achtervoegsel (het)	végződés	[veːgzøːdeːʃ]
voorvoegsel (het)	prefixum	[prɛfiksum]
lettergreep (de)	szótag	[soːtɒg]
achtervoegsel (het)	rag	[rɒg]
nadruk (de)	hangsúly	[hɒŋgʃuːj]
afkappingsteken (het)	aposztróf	[ɒpostroːf]
punt (de)	pont	[pont]
komma (de/het)	vessző	[vɛssøː]
puntkomma (de)	pontosvessző	[pontoʃvɛssøː]
dubbelpunt (de)	kettőspont	[kɛttøːʃpont]
beletselteken (het)	három pont	[haːrom pont]
vraagteken (het)	kérdőjel	[keːrdøːjɛl]
uitroepteken (het)	felkiáltójel	[fɛlkiaːltoːjɛl]

aanhalingstekens (mv.)	idézőjel	[ide:zø:jɛl]
tussen aanhalingstekens (bw)	idézőjelben	[ide:zø:jɛlbɛn]
haakjes (mv.)	zárójel	[za:ro:jɛl]
tussen haakjes (bw)	zárójelben	[za:ro:jɛlbɛn]
streepje (het)	kötőjel	[køtø:jɛl]
gedachtestreepje (het)	gondolatjel	[gondolɒtjɛl]
spatie	szóköz	[so:køz]
(~ tussen twee woorden)		
letter (de)	betű	[bɛty:]
hoofdletter (de)	nagybetű	[nɒɟbɛty:]
klinker (de)	magánhangzó	[mɒga:nhɒŋgzo:]
medeklinker (de)	mássalhangzó	[ma:ʃɒlhɒŋgzo:]
zin (de)	mondat	[mondɒt]
onderwerp (het)	alany	[ɒlɒɲ]
gezegde (het)	állítmány	[a:lli:tma:ɲ]
regel (in een tekst)	sor	[ʃor]
op een nieuwe regel (bw)	egy új sorban	[ɛɟ: u:j ʃorbɒn]
alinea (de)	bekezdés	[bɛkɛzde:ʃ]
woord (het)	szó	[so:]
woordgroep (de)	összetett szavak	[øs:ɛtɛtt sɒvɒk]
uitdrukking (de)	kifejezés	[kifɛjɛze:ʃ]
synoniem (het)	szinonima	[sinonimɒ]
antoniem (het)	antoníma	[ɒntoni:mɒ]
regel (de)	szabály	[sɒba:j]
uitzondering (de)	kivétel	[kive:tɛl]
correct (bijv. ~e spelling)	helyes	[hɛjɛʃ]
vervoeging, conjugatie (de)	igeragozás	[igɛrɒgoza:ʃ]
verbuiging, declinatie (de)	névszóragozás	[ne:vso:rɒgoza:ʃ]
naamval (de)	eset	[ɛʃɛt]
vraag (de)	kérdés	[ke:rde:ʃ]
onderstrepen (ww)	aláhúz	[ɒla:hu:z]
stippellijn (de)	kipontozott vonal	[kipontozott vonɒl]

98. Vreemde talen

taal (de)	nyelv	[ɲɛlv]
vreemde taal (de)	idegen nyelv	[idɛgɛn ɲɛlv]
leren (bijv. van buiten ~)	tanul	[tɒnul]
studeren (Nederlands ~)	tanul	[tɒnul]
lezen (ww)	olvas	[olvɒʃ]
spreken (ww)	beszél	[bɛse:l]
begrijpen (ww)	ért	[e:rt]
schrijven (ww)	ír	[i:r]
snel (bw)	gyorsan	[ɟorʃɒn]
langzaam (bw)	lassan	[lɒʃɒn]

vloeiend (bw)	folyékonyan	[foje:koɲɒn]
regels (mv.)	szabályok	[sɒba:jok]
grammatica (de)	nyelvtan	[ɲɛlvtɒn]
vocabulaire (het)	szókincs	[so:kintʃ]
fonetiek (de)	hangtan	[hɒŋgtɒn]
leerboek (het)	tankönyv	[tɒŋkøɲv]
woordenboek (het)	szótár	[so:ta:r]
leerboek (het) voor zelfstudie	önálló tanulásra szolgáló könyv	[øna:llo: tɒnula:ʃrɒ solga:lo: køɲv]
taalgids (de)	társalgási nyelvkönyv	[ta:rʃɒlga:ʃi nɛlvkøɲv]
cassette (de)	kazetta	[kɒzɛttɒ]
videocassette (de)	videokazetta	[fidɛokɒzɛttɒ]
CD (de)	CDlemez	[tsɛdɛlɛmɛz]
DVD (de)	DVDlemez	[dɛvɛdɛlɛmɛz]
alfabet (het)	ábécé	[a:be:tse:]
spellen (ww)	betűz	[bɛty:z]
uitspraak (de)	kiejtés	[kiɛjte:ʃ]
accent (het)	akcentus	[ɒktsɛntuʃ]
met een accent (bw)	akcentussal	[ɒktsɛntuʃɒl]
zonder accent (bw)	akcentus nélkül	[ɒktsɛntuʃ ne:lkyl]
woord (het)	szó	[so:]
betekenis (de)	értelem	[e:rtɛlɛm]
cursus (de)	tanfolyam	[tɒnfojɒm]
zich inschrijven (ww)	jelentkezik	[jɛlɛntkɛzik]
leraar (de)	tanár	[tɒna:r]
vertaling (een ~ maken)	fordítás	[fordi:ta:ʃ]
vertaling (tekst)	fordítás	[fordi:ta:ʃ]
vertaler (de)	fordító	[fordi:to:]
tolk (de)	tolmács	[tolma:tʃ]
polyglot (de)	poliglott	[poliglott]
geheugen (het)	emlékezet	[ɛmle:kɛzɛt]

Rusten. Entertainment. Reizen

99. Trip. Reizen

toerisme (het)	turizmus	[turizmuʃ]
toerist (de)	turista	[turiʃtɒ]
reis (de)	utazás	[utɒzaːʃ]
avontuur (het)	kaland	[kɒlɒnd]
tocht (de)	utazás	[utɒzaːʃ]
vakantie (de)	szabadság	[sɒbɒdʃaːg]
met vakantie zijn	szabadságon van	[sɒbɒdʃaːgon vɒn]
rust (de)	pihenés	[pihɛneːʃ]
trein (de)	vonat	[vonɒt]
met de trein	vonattal	[vonɒttɒl]
vliegtuig (het)	repülőgép	[rɛpylø:geːp]
met het vliegtuig	repülőgéppel	[rɛpylø:geːppɛl]
met de auto	autóval	[ɒutoːvɒl]
per schip (bw)	hajóval	[hɒjoːvɒl]
bagage (de)	csomag	[ʧomɒg]
valies (de)	bőrönd	[bøːrønd]
bagagekarretje (het)	kocsi	[kotʃi]
paspoort (het)	útlevél	[uːtlɛveːl]
visum (het)	vízum	[viːzum]
kaartje (het)	jegy	[jɛɟ]
vliegticket (het)	repülőjegy	[rɛpylø:jɛɟ]
reisgids (de)	útikalauz	[uːtikɒlɒuz]
kaart (de)	térkép	[teːrkeːp]
gebied (landelijk ~)	vidék	[videːk]
plaats (de)	hely	[hɛj]
exotische bestemming (de)	egzotikum	[ɛgzotikum]
exotisch (bn)	egzotikus	[ɛgzotikuʃ]
verwonderlijk (bn)	csodálatos	[ʧodaːlɒtoʃ]
groep (de)	csoport	[ʧoport]
rondleiding (de)	kirándulás	[kiraːndulaːʃ]
gids (de)	idegenvezető	[idɛgɛn vɛzɛtøː]

100. Hotel

hotel (het)	szálloda	[saːllodɒ]
motel (het)	motel	[motɛl]
3-sterren	három csillagos	[haːrom ʧillɒgoʃ]

5-sterren	öt csillagos	[øt tʃilloɡoʃ]
overnachten (ww)	megszáll	[mɛɡsaːll]
kamer (de)	szoba	[sobɒ]
eenpersoonskamer (de)	egyágyas szoba	[ɛja:ɲoʃ sobɒ]
tweepersoonskamer (de)	kétágyas szoba	[ke:ta:ɟoʃ sobɒ]
een kamer reserveren	lefoglal egy szobát	[lɛfoɡlɒl ɛɟ soba:t]
halfpension (het)	félpanzió	[fe:lpɒnzio:]
volpension (het)	teljes panzió	[tɛjɛʃ pɒnzio:]
met badkamer	fürdőszobával	[fyrdø:soba:vɒl]
met douche	zuhannyal	[zuhɒnnɒl]
satelliet-tv (de)	műholdas televízió	[my:holdɒʃ tɛlɛvizio:]
airconditioner (de)	légkondicionáló	[le:ɡkonditsiona:lo:]
handdoek (de)	törülköző	[tørylkøzø:]
sleutel (de)	kulcs	[kultʃ]
administrateur (de)	adminisztrátor	[ɒdministra:tor]
kamermeisje (het)	szobalány	[sobɒla:ɲ]
piccolo (de)	hordár	[horda:r]
portier (de)	portás	[porta:ʃ]
restaurant (het)	étterem	[e:ttɛrɛm]
bar (de)	bár	[ba:r]
ontbijt (het)	reggeli	[rɛɡɡɛli]
avondeten (het)	vacsora	[vɒtʃorɒ]
buffet (het)	svédasztal	[ʃve:dɒstɒl]
lift (de)	lift	[lift]
NIET STOREN	KÉRJÜK, NE ZAVARJANAK!	[ke:rjyk nɛ zɒvɒrjɒnɒk]
VERBODEN TE ROKEN!	DOHÁNYOZNI TILOS!	[doha:nøzni tiloʃ]

TECHNISCHE APPARATUUR. VERVOER

Technische apparatuur

101. Computer

computer (de)	számítógép	[saːmiːtoːgeːp]
laptop (de)	laptop	[lɔptop]
aanzetten (ww)	bekapcsol	[bɛkɔptʃol]
uitzetten (ww)	kikapcsol	[kikɔptʃol]
toetsenbord (het)	billentyűzet	[billɛɲɲcyːzɛt]
toets (enter~)	billentyű	[billɛɲcyː]
muis (de)	egér	[ɛgeːr]
muismat (de)	egérpad	[ɛgeːrpɒd]
knopje (het)	gomb	[gomb]
cursor (de)	kurzor	[kurzor]
monitor (de)	monitor	[monitor]
scherm (het)	képernyő	[keːpɛrɲøː]
harde schijf (de)	merevlemez	[mɛrɛvlɛmɛz]
geheugen (het)	memória	[mɛmoːriɒ]
RAM-geheugen (het)	RAM	[rɒm]
bestand (het)	fájl	[faːjl]
folder (de)	mappa	[mɔppɒ]
openen (ww)	nyit	[ɲit]
sluiten (ww)	zár	[zaːr]
opslaan (ww)	ment	[mɛnt]
verwijderen (wissen)	töröl	[tørøl]
kopiëren (ww)	másol	[maːʃol]
sorteren (ww)	osztályoz	[ostaːjoz]
overplaatsen (ww)	átír	[aːtiːr]
programma (het)	program	[progrɒm]
software (de)	szoftver	[softvɛr]
programmeur (de)	programozó	[progrɒmozoː]
programmeren (ww)	programoz	[progrɒmoz]
hacker (computerkraker)	hacker	[hɒkɛr]
wachtwoord (het)	jelszó	[jɛlsoː]
virus (het)	vírus	[viːruʃ]
ontdekken (virus ~)	megtalál	[mɛgtɒlaːl]
byte (de)	byte	[bɒjt]
megabyte (de)	megabyte	[mɛgɒbɒjt]

data (de)	adatok	[ɒdɒtok]
databank (de)	adatbázis	[ɒdɒtbaːziʃ]
kabel (USB-~, enz.)	kábel	[kaːbɛl]
afsluiten (ww)	szétkapcsol	[seːtkɒpt͡ʃol]
aansluiten op (ww)	hozzákapcsol	[hozzaːkɒpt͡ʃol]

102. Internet. E-mail

internet (het)	internet	[intɛrnɛt]
browser (de)	böngésző	[bøɲgeːsøː]
zoekmachine (de)	kereső program	[kɛrɛʃøː progrɒm]
internetprovider (de)	szolgáltató	[solgaːltɒtoː]

webmaster (de)	webgazda	[vɛbgɒzdɒ]
website (de)	weboldal	[vɛboldɒl]
webpagina (de)	weboldal	[vɛboldɒl]

| adres (het) | cím | [tsiːm] |
| adresboek (het) | címkönyv | [tsiːmkøɲv] |

| postvak (het) | postaláda | [poʃtɒlaːdɒ] |
| post (de) | posta | [poʃtɒ] |

bericht (het)	levél	[lɛveːl]
verzender (de)	feladó	[fɛlɒdoː]
verzenden (ww)	felad	[fɛlɒd]
verzending (de)	feladás	[fɛlɒdaːʃ]

| ontvanger (de) | címzett | [tsiːmzɛtt] |
| ontvangen (ww) | kap | [kɒp] |

| correspondentie (de) | levelezés | [lɛvɛlɛzeːʃ] |
| corresponderen (met ...) | levelez | [lɛvɛlɛz] |

bestand (het)	fájl	[faːjl]
downloaden (ww)	letölt	[lɛtølt]
creëren (ww)	teremt	[tɛrɛmt]

| verwijderen (een bestand ~) | töröl | [tørøl] |
| verwijderd (bn) | törölt | [tørølt] |

verbinding (de)	kapcsolat	[kɒpt͡ʃolɒt]
snelheid (de)	sebesség	[ʃɛbɛʃeːg]
modem (de)	modem	[modɛm]

| toegang (de) | hozzáférés | [hozːaːfeːreːʃ] |
| poort (de) | port | [port] |

| aansluiting (de) | csatlakozás | [t͡ʃɒtlɒkozaːʃ] |
| zich aansluiten (ww) | csatlakozik | [t͡ʃɒtlɒkozik] |

| selecteren (ww) | választ | [vaːlɒst] |
| zoeken (ww) | keres | [kɛrɛʃ] |

103. Elektriciteit

elektriciteit (de)	villany	[villɒɲ]
elektrisch (bn)	villamos	[villomoʃ]
elektriciteitscentrale (de)	villamos erőmű	[villoomoʃ ɛrø:my:]
energie (de)	energia	[ɛnɛrgiɒ]
elektrisch vermogen (het)	villamos energia	[villomoʃ ɛnɛrgiɒ]
lamp (de)	körte	[kørtɛ]
zaklamp (de)	zseblámpa	[ʒɛb la:mpɒ]
straatlantaarn (de)	utcalámpa	[utsɒ la:mpɒ]
licht (elektriciteit)	villany	[villɒɲ]
aandoen (ww)	bekapcsol	[bɛkɒptʃol]
uitdoen (ww)	kikapcsol	[kikɒptʃol]
het licht uitdoen	eloltja a villanyt	[ɛlolcɒ ɒ villɒɲt]
doorbranden (gloeilamp)	kiég	[kie:g]
kortsluiting (de)	rövidzárlat	[røvidʒa:rlɒt]
onderbreking (de)	szakadás	[sɒkɒda:ʃ]
contact (het)	érintkezés	[e:rintkɛze:ʃ]
schakelaar (de)	bekapcsoló	[bɛkɒptʃolo:]
stopcontact (het)	konnektor	[konnɛktor]
stekker (de)	dugó	[dugo:]
verlengsnoer (de)	elosztó	[ɛlosto:]
zekering (de)	biztosíték	[bistoʃi:te:k]
kabel (de)	vezeték	[vɛzɛte:k]
bedrading (de)	vezetés	[vɛzɛte:ʃ]
ampère (de)	amper	[ɒmpɛr]
stroomsterkte (de)	áramerő	[a:rɒmɛrø:]
volt (de)	volt	[volt]
spanning (de)	feszültség	[fɛsyltʃe:g]
elektrisch toestel (het)	villamos készülék	[villomoʃ ke:syle:k]
indicator (de)	indikátor	[indika:tor]
elektricien (de)	villanyszerelő	[villɒɲsɛrɛlø:]
solderen (ww)	forraszt	[forrɒst]
soldeerbout (de)	forrasztópáka	[forrɒsto:pa:kɒ]
stroom (de)	áramlás	[a:rɒmla:ʃ]

104. Gereedschappen

werktuig (stuk gereedschap)	szerszám	[sɛrsa:m]
gereedschap (het)	szerszámok	[sɛrsa:mok]
uitrusting (de)	felszerelés	[fɛlsɛrɛle:ʃ]
hamer (de)	kalapács	[kɒlɒpa:tʃ]
schroevendraaier (de)	csavarhúzó	[tʃɒvɒrhu:zo:]
bijl (de)	fejsze	[fɛjsɛ]

zaag (de)	fűrész	[fy:re:s]
zagen (ww)	fűrészel	[fy:re:sɛl]
schaaf (de)	gyalu	[ɟolu]
schaven (ww)	gyalul	[ɟolul]
soldeerbout (de)	forrasztópáka	[forrɒsto:pa:kɒ]
solderen (ww)	forraszt	[forrɒst]

vijl (de)	reszelő	[rɛsɛlø:]
nijptang (de)	harapófogó	[hɒrɒpo:fogo:]
combinatietang (de)	laposfogó	[lɒpoʃfogo:]
beitel (de)	véső	[ve:ʃø:]

boorkop (de)	fúró	[fu:ro:]
boormachine (de)	fúrógép	[fu:ro:ge:p]
boren (ww)	fúr	[fu:r]

mes (het)	kés	[ke:ʃ]
lemmet (het)	él	[e:l]

scherp (bijv. ~ mes)	éles	[e:lɛʃ]
bot (bn)	tompa	[tompɒ]
bot raken (ww)	eltompul	[ɛltompul]
slijpen (een mes ~)	élesít	[e:lɛʃi:t]

bout (de)	csavar	[tʃɒvɒr]
moer (de)	csavaranya	[tʃɒvɒrɒɲɒ]
schroefdraad (de)	menet	[mɛnɛt]
houtschroef (de)	facsavar	[fɒtʃɒvɒr]

spijker (de)	szeg	[sɛg]
kop (de)	fej	[fɛj]

liniaal (de/het)	vonalzó	[vonɒlzo:]
rolmeter (de)	mérőszalag	[me:rø:sɒlɒg]
waterpas (de/het)	vízszintező	[vi:zsintɛzø:]
loep (de)	nagyító	[nɒɟi:to:]

meetinstrument (het)	mérőkészülék	[me:rø:ke:syle:k]
opmeten (ww)	mér	[me:r]
schaal (meetschaal)	skála	[ʃka:lɒ]
gegevens (mv.)	állás	[a:lla:ʃ]

compressor (de)	légsűrítő	[le:gʃy:ri:tø:]
microscoop (de)	mikroszkóp	[mikrosko:p]

pomp (de)	szivattyú	[sivɒc:u:]
robot (de)	robotgép	[robotge:p]
laser (de)	lézer	[le:zɛr]

moersleutel (de)	csavarkulcs	[tʃɒvɒr kultʃ]
plakband (de)	ragasztószalag	[rɒgɒsto: sɒlɒg]
lijm (de)	ragasztó	[rɒgɒsto:]

schuurpapier (het)	csiszolópapír	[tʃisolo:pɒpi:r]
veer (de)	rugó	[rugo:]
magneet (de)	mágnes	[ma:gnɛʃ]

handschoenen (mv.)	kesztyű	[kɛscy:]
touw (bijv. henneptouw)	kötél	[køte:l]
snoer (het)	zsinór	[ʒino:r]
draad (de)	vezeték	[vɛzɛte:k]
kabel (de)	kábel	[ka:bɛl]
moker (de)	nagy kalapács	[nɒɟ kɒlɒpa:tʃ]
breekijzer (het)	bontórúd	[bonto:ru:d]
ladder (de)	létra	[le:trɒ]
trapje (inklapbaar ~)	létra	[le:trɒ]
aanschroeven (ww)	becsavar	[bɛtʃɒvɒr]
losschroeven (ww)	kicsavar	[kitʃɒvɒr]
dichtpersen (ww)	beszorít	[bɛsori:t]
vastlijmen (ww)	ráragaszt	[ra:rɒgɒst]
snijden (ww)	vág	[va:g]
defect (het)	üzemzavar	[yzɛmzɒvɒr]
reparatie (de)	javítás	[jɒvi:ta:ʃ]
repareren (ww)	javít	[jɒvi:t]
regelen (een machine ~)	szabályoz	[sɒba:joz]
checken (ww)	ellenőriz	[ɛllɛnø:riz]
controle (de)	ellenőrzés	[ɛllɛnø:rze:ʃ]
gegevens (mv.)	állás	[a:lla:ʃ]
degelijk (bijv. ~ machine)	biztos	[biztoʃ]
ingewikkeld (bn)	bonyolult	[bonølult]
roesten (ww)	rozsdásodik	[roʒda:ʃodik]
roestig (bn)	rozsdás	[roʒda:ʃ]
roest (de/het)	rozsda	[roʒdɒ]

Vervoer

105. Vliegtuig

vliegtuig (het)	repülőgép	[rɛpylø:ge:p]
vliegticket (het)	repülőjegy	[rɛpylø:jɛɟ]
luchtvaartmaatschappij (de)	légitársaság	[le:gi ta:rʃɒʃa:g]
luchthaven (de)	repülőtér	[rɛpylø:te:r]
supersonisch (bn)	szuperszónikus	[supɛrso:nikuʃ]

gezagvoerder (de)	kapitány	[kɒpita:ɲ]
bemanning (de)	személyzet	[sɛme:jzɛt]
piloot (de)	pilóta	[pilo:tɒ]
stewardess (de)	légikisasszony	[le:gikiʃɒssoɲ]
stuurman (de)	navigátor	[nɒviga:tor]

vleugels (mv.)	szárnyak	[sa:rɲɒk]
staart (de)	vég	[ve:g]
cabine (de)	fülke	[fylkɛ]
motor (de)	motor	[motor]
landingsgestel (het)	futómű	[futo:my:]
turbine (de)	turbina	[turbinɒ]

propeller (de)	légcsavar	[le:gtʃɒvɒr]
zwarte doos (de)	fekete doboz	[fɛkɛtɛ doboz]
stuur (het)	kormány	[korma:ɲ]
brandstof (de)	üzemanyag	[yzɛmɒɲɒg]

veiligheidskaart (de)	instrukció	[inʃtruktsio:]
zuurstofmasker (het)	oxigénmaszk	[oksige:nmɒsk]
uniform (het)	egyenruha	[ɛɟɛnruhɒ]

reddingsvest (de)	mentőmellény	[mɛntø:mɛlle:ɲ]
parachute (de)	ejtőernyő	[ɛjtø:ɛrɲø:]

opstijgen (het)	felszállás	[fɛlsa:lla:ʃ]
opstijgen (ww)	felszáll	[fɛlsa:ll]
startbaan (de)	kifutópálya	[kifuto:pa:jɒ]

zicht (het)	láthatóság	[la:thoto:ʃa:g]
vlucht (de)	repülés	[rɛpyle:ʃ]

hoogte (de)	magasság	[mɒgɒʃa:g]
luchtzak (de)	turbulencia	[turbulɛntsiɒ]

plaats (de)	hely	[hɛj]
koptelefoon (de)	fejhallgató	[fɛjhɒllgɒto:]
tafeltje (het)	felhajtható asztal	[fɛlhɒjthɒto: ɒstɒl]
venster (het)	repülőablak	[rɛpylø:ɒblɒk]
gangpad (het)	járat	[ja:rɒt]

106. Trein

trein (de)	vonat	[vonɒt]
elektrische trein (de)	villanyvonat	[villɒɲvonɒt]
sneltrein (de)	gyorsvonat	[ɟorʃvonɒt]
diesellocomotief (de)	dízelmozdony	[diːzɛlmozdoɲ]
stoomlocomotief (de)	gőzmozdony	[gøːzmozdoɲ]

rijtuig (het)	személykocsi	[sɛmeːjkotʃi]
restauratierijtuig (het)	étkezőkocsi	[eːtkɛzøːkotʃi]

rails (mv.)	sín	[ʃiːn]
spoorweg (de)	vasút	[vɒʃuːt]
dwarsligger (de)	talpfa	[tɒlpfɒ]

perron (het)	peron	[pɛron]
spoor (het)	vágány	[vaːgaːɲ]
semafoor (de)	karjelző	[kɒrjɛlzøː]
halte (bijv. kleine treinhalte)	állomás	[aːllomaːʃ]

machinist (de)	vonatvezető	[vonɒtvɛzɛtøː]
kruier (de)	hordár	[hordaːr]
conducteur (de)	kalauz	[kɒlɒuz]
passagier (de)	utas	[utɒʃ]
controleur (de)	ellenőr	[ɛllɛnøːr]

gang (in een trein)	folyosó	[fojoʃoː]
noodrem (de)	vészfék	[veːsfeːk]

coupé (de)	fülke	[fylkɛ]
bed (slaapplaats)	polc	[polts]
bovenste bed (het)	felső polc	[fɛlʃøː polts]
onderste bed (het)	alsó polc	[ɒlʃoː polts]
beddengoed (het)	ágynemű	[aːɟnɛmyː]

kaartje (het)	jegy	[jɛɟ]
dienstregeling (de)	menetrend	[mɛnɛtrɛnd]
informatiebord (het)	tabló	[tɒbloː]

vertrekken	indul	[indul]
(De trein vertrekt ...)		
vertrek (ov. een trein)	indulás	[indulaːʃ]

aankomen (ov. de treinen)	érkezik	[eːrkɛzik]
aankomst (de)	érkezés	[eːrkɛzeːʃ]

aankomen per trein	vonaton érkezik	[vonɒton eːrkɛzik]
in de trein stappen	felszáll a vonatra	[fɛlsaːll ɒ vonɒtrɒ]
uit de trein stappen	leszáll a vonatról	[lɛsaːll ɒ vonɒtroːl]

treinwrak (het)	vasúti szerencsétlenség	[vɒʃuːti sɛrɛntʃeːtlɛnʃeːg]
stoomlocomotief (de)	gőzmozdony	[gøːzmozdoɲ]
stoker (de)	kazánfűtő	[kɒzaːnfyːtøː]
stookplaats (de)	tűztér	[tyːzteːr]
steenkool (de)	szén	[seːn]

107. Schip

schip (het)	hajó	[hɔjoː]
vaartuig (het)	vízi jármű	[viːzi jaːrmyː]
stoomboot (de)	gőzhajó	[gøːzhɔjoː]
motorschip (het)	motoros hajó	[motoroʃ hɔjoː]
lijnschip (het)	óceánjáró	[oːtsɛaːnjaːroː]
kruiser (de)	cirkáló	[tsirkaːloː]
jacht (het)	jacht	[jɔxt]
sleepboot (de)	vontatóhajó	[vontɔtoː hɔjoː]
duwbak (de)	uszály	[usaːj]
ferryboot (de)	komp	[komp]
zeilboot (de)	vitorlás hajó	[vitorlaːʃ hɔjoː]
brigantijn (de)	brigantine	[brigantin]
ijsbreker (de)	jégtörő hajó	[jeːgtørøː hɔjoː]
duikboot (de)	tengeralattjáró	[tɛŋgɛrɒlɒttjaːroː]
boot (de)	csónak	[ʧoːnɒk]
sloep (de)	csónak	[ʧoːnɒk]
reddingssloep (de)	mentőcsónak	[mɛntøːʧoːnɒk]
motorboot (de)	motorcsónak	[motor ʧoːnɒk]
kapitein (de)	kapitány	[kɔpitaːɲ]
zeeman (de)	tengerész	[tɛŋgɛreːs]
matroos (de)	tengerész	[tɛŋgɛreːs]
bemanning (de)	személyzet	[sɛmeːjzɛt]
bootsman (de)	fedélzetmester	[fɛdeːlzɛtmɛʃtɛr]
scheepsjongen (de)	matrózinas	[mɒtroːzinɒʃ]
kok (de)	hajószakács	[hɔjoːsɒkaːʧ]
scheepsarts (de)	hajóorvos	[hɔjoːorvoʃ]
dek (het)	fedélzet	[fɛdeːlzɛt]
mast (de)	árboc	[aːrbots]
zeil (het)	vitorla	[vitorlɒ]
ruim (het)	hajóűr	[hɔjoːyːr]
voorsteven (de)	orr	[orr]
achtersteven (de)	hajófar	[hɔjoːfɒr]
roeispaan (de)	evező	[ɛvɛzøː]
schroef (de)	csavar	[ʧɒvɒr]
kajuit (de)	hajófülke	[hɔjoːfylkɛ]
officierskamer (de)	társalgó	[taːrʃɒlgoː]
machinekamer (de)	gépház	[geːphaːz]
brug (de)	parancsnoki híd	[pɒrɒnʧnoki hiːd]
radiokamer (de)	rádiófülke	[raːdioːfylkɛ]
radiogolf (de)	hullám	[hullaːm]
logboek (het)	hajónapló	[hɔjoːnɒploː]
verrekijker (de)	távcső	[taːvʧøː]
klok (de)	harang	[hɒrɒŋg]

vlag (de)	zászló	[zaːsloː]
kabel (de)	kötél	[køteːl]
knoop (de)	tengeri csomó	[tɛŋgɛri tʃomoː]
leuning (de)	korlát	[korlaːt]
trap (de)	hajólépcső	[hɔjoːleːptʃøː]
anker (het)	horgony	[horgoɲ]
het anker lichten	horgonyt felszed	[horgoɲt fɛlsɛd]
het anker neerlaten	horgonyt vet	[horgoɲt vɛt]
ankerketting (de)	horgonylánc	[horgoɲlaːnts]
haven (bijv. containerhaven)	kikötő	[kikøtøː]
kaai (de)	móló, kikötő	[moːloː], [kikøtøː]
aanleggen (ww)	kiköt	[kikøt]
wegvaren (ww)	elold	[ɛlold]
reis (de)	utazás	[utɒzaːʃ]
cruise (de)	hajóút	[hɔjoːuːt]
koers (de)	irány	[iraːɲ]
route (de)	járat	[jaːrɒt]
vaarwater (het)	hajózható út	[hɔjoːzhɒtoː uːt]
zandbank (de)	zátony	[zaːtoɲ]
stranden (ww)	zátonyra fut	[zaːtoɲrɒ fut]
storm (de)	vihar	[vihɒr]
signaal (het)	jelzés	[jɛlzeːʃ]
zinken (ov. een boot)	elmerül	[ɛlmɛryl]
SOS (noodsignaal)	SOS	[sos]
reddingsboei (de)	mentőöv	[mɛntøːøv]

108. Vliegveld

luchthaven (de)	repülőtér	[rɛpyløːteːr]
vliegtuig (het)	repülőgép	[rɛpyløːgeːp]
luchtvaartmaatschappij (de)	légitársaság	[leːgi taːrʃɒʃaːg]
luchtverkeersleider (de)	diszpécser	[dispeːtʃɛr]
vertrek (het)	elrepülés	[ɛlrɛpyleːʃ]
aankomst (de)	megérkezés	[mɛgeːrkɛzeːʃ]
aankomen (per vliegtuig)	megérkezik	[mɛgeːrkɛzik]
vertrektijd (de)	az indulás ideje	[ɒz indulaːʃ idɛjɛ]
aankomstuur (het)	a leszállás ideje	[ɒ lɛsaːllaːʃ idɛjɛ]
vertraagd zijn (ww)	késik	[keːʃik]
vluchtvertraging (de)	a felszállás késése	[ɒ fɛlsaːllaːʃ keːʃeːʃɛ]
informatiebord (het)	tájékoztató tábló	[taːjeːkoztɒtoː tɒbloː]
informatie (de)	információ	[informaːtsio:]
aankondigen (ww)	bemond	[bɛmond]
vlucht (bijv. KLM ~)	járat	[jaːrɒt]
douane (de)	vám	[vaːm]

douanier (de)	vámos	[vaːmoʃ]
douaneaangifte (de)	vámnyilatkozat	[vaːmɲilɒtkozɒt]
paspoortcontrole (de)	útlevélvizsgálat	[uːtlɛveːlviʒgaːlɒt]
bagage (de)	poggyász	[pojjaːs]
handbagage (de)	kézipoggyász	[keːzipodjaːs]
bagagekarretje (het)	kocsi	[kotʃi]
landing (de)	leszállás	[lɛsaːllaːʃ]
landingsbaan (de)	leszállóhely	[lɛsaːlloːU4947hɛj]
landen (ww)	leszáll	[lɛsaːll]
vliegtuigtrap (de)	utaslépcső	[utɒʃ leːptʃøː]
inchecken (het)	bejegyzés	[bɛjɛɟzeːʃ]
incheckbalie (de)	jegy és poggyászkezelés	[jɛɟ eːʃ pojjaːs kɛzɛleːʃ]
inchecken (ww)	bejegyzi magát	[bɛjɛɟzi mɒgaːt]
instapkaart (de)	beszállókártya	[bɛsaːlloːkaːrcɒ]
gate (de)	kapu	[kɒpu]
transit (de)	tranzit	[trɒnzit]
wachten (ww)	vár	[vaːr]
wachtzaal (de)	váróterem	[vaːroːtɛrɛm]
begeleiden (uitwuiven)	kísér	[kiːʃeːr]
afscheid nemen (ww)	elbúcsúzik	[ɛlbuːtʃuːzik]

Gebeurtenissen in het leven

109. Vakanties. Evenement

feest (het)	ünnep	[ynnɛp]
nationale feestdag (de)	nemzeti ünnep	[nɛmzɛti ynnɛp]
feestdag (de)	ünnepnap	[ynnɛpnɒp]
herdenken (ww)	ünnepel	[ynnɛpɛl]
gebeurtenis (de)	esemény	[ɛʃɛmeːɲ]
evenement (het)	rendezvény	[rɛndɛzveːɲ]
banket (het)	díszvacsora	[diːsvɒtʃorɒ]
receptie (de)	fogadás	[fogɒdaːʃ]
feestmaal (het)	lakoma	[lɒkomɒ]
verjaardag (de)	évforduló	[eːvfordulo:]
jubileum (het)	jubileum	[jubilɛum]
vieren (ww)	megemlékezik	[mɛgɛmleːkɛzik]
Nieuwjaar (het)	Újév	[uːjeːv]
Gelukkig Nieuwjaar!	Boldog Újévet!	[boldog uːjeːvɛt]
Kerstfeest (het)	karácsony	[kɒraːtʃoɲ]
Vrolijk kerstfeest!	Boldog karácsonyt!	[boldog kɒraːtʃoɲt]
kerstboom (de)	karácsonyfa	[kɒraːtʃoɲfɒ]
vuurwerk (het)	tűzijáték	[tyːzijaːteːk]
bruiloft (de)	lakodalom	[lɒkodɒlom]
bruidegom (de)	vőlegény	[vøːlɛgeːɲ]
bruid (de)	mennyasszony	[mɛɲɲɒssoɲ]
uitnodigen (ww)	meghív	[mɛghiːv]
uitnodigingskaart (de)	meghívó	[mɛghiːvoː]
gast (de)	vendég	[vɛndeːg]
op bezoek gaan	vendégségbe megy	[vɛndeːgʃeːgbɛ mɛɟ]
gasten verwelkomen	vendéget fogad	[vɛndeːgɛt fogɒd]
geschenk, cadeau (het)	ajándék	[ɒjaːndeːk]
geven (iets cadeau ~)	ajándékoz	[ɒjaːndeːkoz]
geschenken ontvangen	ajándékot kap	[ɒjaːndeːkot kɒp]
boeket (het)	csokor	[tʃokor]
felicitaties (mv.)	üdvözlet	[ydvøzlɛt]
feliciteren (ww)	gratulál	[grɒtulaːl]
wenskaart (de)	üdvözlő képeslap	[ydvøzløː keːpɛʃlɒp]
een kaartje versturen	képeslapot küld	[keːpɛʃlɒpot kyld]
een kaartje ontvangen	képeslapot kap	[keːpɛʃlɒpot kɒp]
toast (de)	pohárköszöntő	[pohaːrkøsøntøː]

| aanbieden (een drankje ~) | kínál | [kiːnaːl] |
| champagne (de) | pezsgő | [pɛʒgøː] |

plezier hebben (ww)	szórakozik	[soːrɒkozik]
plezier (het)	vidámság	[vidaːmʃaːg]
vreugde (de)	öröm	[ørøm]

| dans (de) | tánc | [taːnts] |
| dansen (ww) | táncol | [taːntsol] |

| wals (de) | keringő | [kɛriŋgøː] |
| tango (de) | tangó | [tɒŋgoː] |

110. Begrafenissen. Begrafenis

kerkhof (het)	temető	[tɛmɛtøː]
graf (het)	sír	[ʃiːr]
kruis (het)	kereszt	[kɛrɛst]
grafsteen (de)	sírkő	[ʃiːrkøː]
omheining (de)	kerítés	[kɛriːteːʃ]
kapel (de)	kápolna	[kaːpolnɒ]

dood (de)	halál	[hɒlaːl]
sterven (ww)	meghal	[mɛghɒl]
overledene (de)	halott	[hɒlott]
rouw (de)	gyász	[ɟaːs]

begraven (ww)	temet	[tɛmɛt]
begrafenisonderneming (de)	temetkezési vállalat	[tɛmɛtkɛzeːʃi vaːllɒlɒt]
begrafenis (de)	temetés	[tɛmɛteːʃ]

krans (de)	koszorú	[kosoruː]
doodskist (de)	koporsó	[koporʃoː]
lijkwagen (de)	ravatal	[rɒvɒtɒl]
lijkkleed (de)	halotti ruha	[hɒlotti ruhɒ]

| urn (de) | urna | [urnɒ] |
| crematorium (het) | krematórium | [krɛmɒtoːrium] |

overlijdensbericht (het)	nekrológ	[nɛkroloːg]
huilen (wenen)	sír	[ʃiːr]
snikken (huilen)	zokog	[zokog]

111. Oorlog. Soldaten

peloton (het)	szakasz	[sɒkɒs]
compagnie (de)	század	[saːzɒd]
regiment (het)	ezred	[ɛzrɛd]
leger (armee)	hadsereg	[hɒtʃɛrɛg]
divisie (de)	hadosztály	[hɒdostaːj]
sectie (de)	csapat	[tʃɒpɒt]
troep (de)	hadsereg	[hɒtʃɛrɛg]

soldaat (militair)	katona	[kɒtonɒ]
officier (de)	tiszt	[tist]

soldaat (rang)	közlegény	[køzlɛge:ɲ]
sergeant (de)	őrmester	[ø:rmɛʃtɛr]
luitenant (de)	hadnagy	[hɒdnɒɟ]
kapitein (de)	százados	[sa:zɒdoʃ]
majoor (de)	őrnagy	[ø:rnɒɟ]
kolonel (de)	ezredes	[ɛzrɛdɛʃ]
generaal (de)	tábornok	[ta:bornok]

matroos (de)	tengerész	[tɛŋgɛre:s]
kapitein (de)	kapitány	[kɒpita:ɲ]
bootsman (de)	fedélzetmester	[fɛde:lzɛtmɛʃtɛr]

artillerist (de)	tüzér	[tyze:r]
valschermjager (de)	deszantos	[dɛsɒntoʃ]
piloot (de)	pilóta	[pilo:tɒ]
stuurman (de)	kormányos	[korma:nøʃ]
mecanicien (de)	gépész	[ge:pe:s]

sappeur (de)	utász	[uta:s]
parachutist (de)	ejtőernyős	[ɛjtø:ɛrɲø:ʃ]
verkenner (de)	felderítő	[fɛldɛri:tø:]
scherpschutter (de)	mesterlövész	[mɛʃtɛrløve:s]

patrouille (de)	őrjárat	[ø:rja:rɒt]
patrouilleren (ww)	őrjáratoz	[ø:rja:rɒtoz]
wacht (de)	őr	[ø:r]

krijger (de)	harcos	[hɒrtsoʃ]
patriot (de)	hazafi	[hɒzɒfi]
held (de)	hős	[hø:ʃ]
heldin (de)	hősnő	[hø:ʃnø:]

verrader (de)	áruló	[a:rulo:]
deserteur (de)	szökevény	[søkve:ɲ]
deserteren (ww)	megszökik	[mɛgsøkik]

huurling (de)	zsoldos	[ʒoldoʃ]
rekruut (de)	újonc	[u:jonts]
vrijwilliger (de)	önkéntes	[øŋke:ntɛʃ]

gedode (de)	halott	[hɒlott]
gewonde (de)	sebesült	[ʃɛbɛʃylt]
krijgsgevangene (de)	fogoly	[fogoj]

112. Oorlog. Militaire acties. Deel 1

oorlog (de)	háború	[ha:boru:]
oorlog voeren (ww)	harcol	[hɒrtsol]
burgeroorlog (de)	polgárháború	[polga:rha:boru:]
achterbaks (bw)	alattomos	[alattomos]
oorlogsverklaring (de)	hadüzenet	[hɒdyzɛnɛt]

verklaren (de oorlog ~)	hadat üzen	[hɒdɒt yzɛn]
agressie (de)	agresszió	[ɒgrɛssio:]
aanvallen (binnenvallen)	támad	[ta:mɒd]
binnenvallen (ww)	meghódít	[mɛgho:di:t]
invaller (de)	megszállók	[mɛksa:llo:k]
veroveraar (de)	hódító	[ho:di:to:]
verdediging (de)	védelem	[ve:dɛlɛm]
verdedigen (je land ~)	védelmez	[ve:dɛlmɛz]
zich verdedigen (ww)	védekezik	[ve:dɛkɛzik]
vijand (de)	ellenség	[ɛllɛnʃe:g]
tegenstander (de)	ellenfél	[ɛllɛnfe:l]
vijandelijk (bn)	ellenséges	[ɛllɛnʃe:gɛʃ]
strategie (de)	hadászat	[hɒda:sɒt]
tactiek (de)	taktika	[tɒktikɒ]
order (de)	parancs	[pɒrɒntʃ]
bevel (het)	parancs	[pɒrɒntʃ]
bevelen (ww)	parancsol	[pɒrɒntʃol]
opdracht (de)	megbízás	[mɛgbi:za:ʃ]
geheim (bn)	titkos	[titkoʃ]
veldslag (de)	csata	[tʃɒtɒ]
strijd (de)	harc	[hɒrts]
aanval (de)	támadás	[ta:mɒda:ʃ]
bestorming (de)	roham	[rohɒm]
bestormen (ww)	megrohamoz	[mɛgrohɒmoz]
bezetting (de)	ostrom	[oʃtrom]
aanval (de)	támadás	[ta:mɒda:ʃ]
in het offensief te gaan	támad	[ta:mɒd]
terugtrekking (de)	visszavonulás	[vissɒvonula:ʃ]
zich terugtrekken (ww)	visszavonul	[vissɒvonul]
omsingeling (de)	bekerítés	[bɛkɛri:te:ʃ]
omsingelen (ww)	körülvesz	[kørylvɛs]
bombardement (het)	bombázás	[bomba:za:ʃ]
een bom gooien	bombáz	[bomba:z]
bombarderen (ww)	bombáz	[bomba:z]
ontploffing (de)	robbanás	[robbɒna:ʃ]
schot (het)	lövés	[løve:ʃ]
een schot lossen	lő	[lø:]
schieten (het)	tüzelés	[tyzɛle:ʃ]
mikken op (ww)	céloz	[tse:loz]
aanleggen (een wapen ~)	céloz	[tse:loz]
treffen (doelwit ~)	eltalál	[ɛltɒla:l]
zinken (tot zinken brengen)	elsüllyeszt	[ɛlʃyjːɛst]
kogelgat (het)	lék	[le:k]

Nederlands	Hongaars	Uitspraak
zinken (gezonken zijn)	elsüllyed	[ɛlʃyjːɛd]
front (het)	front	[front]
evacuatie (de)	kitelepítés	[kitɛlɛpiːteːʃ]
evacueren (ww)	kitelepít	[kitɛlɛpiːt]
prikkeldraad (de)	tüskésdrót	[tyʃkeːʃdroːt]
verdedigingsobstakel (het)	torlasz	[torlɒs]
wachttoren (de)	torony	[toroɲ]
hospitaal (het)	katonai kórház	[kɒtonɒj koːrhaːz]
verwonden (ww)	megsebez	[mɛgʃɛbɛz]
wond (de)	seb	[ʃɛb]
gewonde (de)	sebesült	[ʃɛbɛʃylt]
gewond raken (ww)	megsebesül	[mɛgʃɛbɛʃyl]
ernstig (~e wond)	súlyos	[ʃuːjoʃ]

113. Oorlog. Militaire acties. Deel 2

Nederlands	Hongaars	Uitspraak
krijgsgevangenschap (de)	fogság	[fogʃaːg]
krijgsgevangen nemen	foglyul ejt	[fogjyl ɛjt]
krijgsgevangene zijn	fogságban van	[fogʃaːgbɒn vɒn]
krijgsgevangen genomen worden	fogságba esik	[fogʃaːgbɒ ɛʃik]
concentratiekamp (het)	koncentrációs tábor	[kontsɛntraːtsioːʃ taːbor]
krijgsgevangene (de)	fogoly	[fogoj]
vluchten (ww)	megszökik	[mɛgsøkik]
verraden (ww)	elárul	[ɛlaːrul]
verrader (de)	áruló	[aːruloː]
verraad (het)	árulás	[aːrulaːʃ]
fusilleren (executeren)	agyonlő	[ɒɟonløː]
executie (de)	agyonlövés	[ɒɟonløveːʃ]
uitrusting (de)	felszerelés	[fɛlsɛrɛleːʃ]
schouderstuk (het)	válllap	[vaːlllɒp]
gasmasker (het)	gázálarc	[gaːzaːlɒrts]
portofoon (de)	rádió	[raːdioː]
geheime code (de)	rejtjel	[rɛjtjɛl]
samenzwering (de)	konspiráció	[konʃpiraːtsioː]
wachtwoord (het)	jelszó	[jɛlsoː]
mijn (landmijn)	akna	[ɒknɒ]
ondermijnen (legden mijnen)	elaknásít	[ɛlɒknaːʃiːt]
mijnenveld (het)	aknamező	[ɒknɒmezøː]
luchtalarm (het)	légiriadó	[leːgiriɒdoː]
alarm (het)	riadó	[riɒdoː]
signaal (het)	jelzés	[jɛlzeːʃ]
vuurpijl (de)	jelzőrakéta	[jɛlzøːrɒkeːtɒ]
staf (generale ~)	főhadiszállás	[føːhɒdisaːllaːʃ]
verkenning (de)	felderítés	[fɛldɛriːteːʃ]

toestand (de)	helyzet	[hɛjzɛt]
rapport (het)	beszámoló	[bɛsaːmoloː]
hinderlaag (de)	les	[lɛʃ]
versterking (de)	erősítés	[ɛrøːʃiːteːʃ]
doel (bewegend ~)	célpont	[tseːlpont]
proefterrein (het)	lőtér	[løːteːr]
manoeuvres (mv.)	hadgyakorlatok	[hɒdɟokorlɒtok]
paniek (de)	pánik	[paːnik]
verwoesting (de)	pusztulás	[pustulaːʃ]
verwoestingen (mv.)	elpusztítás	[ɛlpustiːtaːʃ]
verwoesten (ww)	elpusztít	[ɛlpustiːt]
overleven (ww)	életben marad	[eːlɛtbɛn mɒrɒd]
ontwapenen (ww)	lefegyverez	[lɛfɛɟvɛrɛz]
behandelen (een pistool ~)	bánik	[baːnik]
Geeft acht!	Vigyázz!	[viɟaːzz]
Op de plaats rust!	Pihenj!	[pihɛɲ]
heldendaad (de)	hőstett	[høːʃtɛtt]
eed (de)	eskü	[ɛʃky]
zweren (een eed doen)	esküszik	[ɛʃkysik]
decoratie (de)	kitüntetés	[kityntɛteːʃ]
onderscheiden	kitüntet	[kityntɛt]
(een ereteken geven)		
medaille (de)	érem	[eːrɛm]
orde (de)	rendjel	[rɛɲɟɛl]
overwinning (de)	győzelem	[ɟøːzɛlɛm]
verlies (het)	vereség	[vɛrɛʃeːg]
wapenstilstand (de)	fegyverszünet	[fɛɟvɛrsynɛt]
wimpel (vaandel)	zászló	[zaːsloː]
roem (de)	dicsőség	[ditʃøːʃeːg]
parade (de)	díszszemle	[diːssɛmlɛ]
marcheren (ww)	menetel	[mɛnɛtɛl]

114. Wapens

wapens (mv.)	fegyver	[fɛɟvɛr]
vuurwapens (mv.)	lőfegyver	[løːfɛɟvɛr]
koude wapens (mv.)	vágó és szúrófegyver	[vaːgoː eːʃ suːroːfɛɟvɛr]
chemische wapens (mv.)	vegyifegyver	[vɛɟifɛɟvɛr]
kern-, nucleair (bn)	nukleáris	[nuklɛaːriʃ]
kernwapens (mv.)	nukleáris fegyver	[nuklɛaːriʃ fɛɟvɛr]
bom (de)	bomba	[bombɒ]
atoombom (de)	atombomba	[ɒtombombɒ]
pistool (het)	pisztoly	[pistoj]
geweer (het)	puska	[puʃkɒ]

machinepistool (het)	géppisztoly	[ge:ppistoj]
machinegeweer (het)	géppuska	[ge:ppuʃkɒ]
loop (schietbuis)	cső	[tʃø:]
loop (bijv. geweer met kortere ~)	fegyvercső	[fɛɟvɛrtʃø:]
kaliber (het)	kaliber	[kɒlibɛr]
trekker (de)	ravasz	[rɒvɒs]
korrel (de)	irányzék	[ira:ɲze:k]
magazijn (het)	tár	[ta:r]
geweerkolf (de)	puskatus	[puʃkɒtuʃ]
granaat (handgranaat)	gránát	[gra:na:t]
explosieven (mv.)	robbanóanyag	[robbɒno:ɒɲɒg]
kogel (de)	golyó	[gojo:]
patroon (de)	töltény	[tølte:ɲ]
lading (de)	töltet	[tøltɛt]
ammunitie (de)	lőszer	[lø:sɛr]
bommenwerper (de)	bombázó	[bomba:zo:]
straaljager (de)	vadászgép	[vɒda:sge:p]
helikopter (de)	helikopter	[hɛlikoptɛr]
afweergeschut (het)	légvédelmi ágyú	[le:gve:dɛlmi a:ɟu:]
tank (de)	harckocsi	[hɒrtskotʃi]
kanon (tank met een ~ van 76 mm)	ágyú	[a:ɟu:]
artillerie (de)	tüzérség	[tyze:rʃe:g]
aanleggen (een wapen ~)	céloz	[tse:loz]
projectiel (het)	lövedék	[løvɛde:k]
mortiergranaat (de)	akna	[ɒknɒ]
mortier (de)	aknavető	[ɒknɒvɛtø:]
granaatscherf (de)	szilánk	[sila:ŋk]
duikboot (de)	tengeralattjáró	[tɛŋgɛrɒlɒttja:ro:]
torpedo (de)	torpedó	[torpɛdo:]
raket (de)	rakéta	[rɒke:tɒ]
laden (geweer, kanon)	megtölt	[mɛgtølt]
schieten (ww)	lő	[lø:]
richten op (mikken)	céloz	[tse:loz]
bajonet (de)	szurony	[suroɲ]
degen (de)	párbajtőr	[pa:rbɒjtø:r]
sabel (de)	szablya	[sɒbjɒ]
speer (de)	dárda	[da:rdɒ]
boog (de)	íj	[i:j]
pijl (de)	nyíl	[ɲi:l]
musket (de)	muskéta	[muʃke:tɒ]
kruisboog (de)	számszeríj	[sa:msɛri:j]

115. Oude mensen

primitief (bn)	ősi	[øːʃi]
voorhistorisch (bn)	történelem előtti	[tørteːnɛlɛm ɛløːtti]
eeuwenoude (~ beschaving)	ősi	[øːʃi]
Steentijd (de)	kőkorszak	[køːkorsɒk]
Bronstijd (de)	bronzkor	[bronskor]
IJstijd (de)	jégkorszak	[jeːgkorsɒk]
stam (de)	törzs	[tørʒ]
menseneter (de)	emberevő	[ɛmbɛrɛvøː]
jager (de)	vadász	[vɒdaːs]
jagen (ww)	vadászik	[vɒdaːsik]
mammoet (de)	mamut	[mɒmut]
grot (de)	barlang	[bɒrlɒŋg]
vuur (het)	tűz	[tyːz]
kampvuur (het)	tábortűz	[taːbortyːz]
rotstekening (de)	barlangrajz	[bɒrlɒŋg rɒjz]
werkinstrument (het)	munkaeszköz	[muŋkɒɛskøz]
speer (de)	dárda	[daːrdɒ]
stenen bijl (de)	kőfejsze	[køːfɛjsɛ]
oorlog voeren (ww)	harcol	[hɒrtsol]
temmen (bijv. wolf ~)	szelídít	[sɛliːdiːt]
idool (het)	bálvány	[baːlvaːɲ]
aanbidden (ww)	imád	[imaːd]
bijgeloof (het)	babona	[bɒbonɒ]
evolutie (de)	fejlődés	[fɛjløːdeːʃ]
ontwikkeling (de)	fejlődés	[fɛjløːdeːʃ]
verdwijning (de)	eltűnés	[ɛltyːneːʃ]
zich aanpassen (ww)	alkalmazkodik	[ɒlkɒlmɒskodik]
archeologie (de)	régészet	[reːgeːsɛt]
archeoloog (de)	régész	[reːgeːs]
archeologisch (bn)	régészeti	[reːgeːsɛti]
opgravingsplaats (de)	ásatások	[aːʃɒtaːʃok]
opgravingen (mv.)	ásatások	[aːʃɒtaːʃok]
vondst (de)	lelet	[lɛlɛt]
fragment (het)	töredék	[tørɛdeːk]

116. Middeleeuwen

volk (het)	nép	[neːp]
volkeren (mv.)	népek	[neːpɛk]
stam (de)	törzs	[tørʒ]
stammen (mv.)	törzsek	[tørʒɛk]
barbaren (mv.)	barbárok	[bɒrbaːrok]
Galliërs (mv.)	gallok	[gɒllok]

Goten (mv.)	gótok	[go:tok]
Slaven (mv.)	szlávok	[sla:vok]
Vikings (mv.)	vikingek	[vikiŋgɛk]

| Romeinen (mv.) | rómaiak | [ro:mɒjɒk] |
| Romeins (bn) | római | [ro:mɒi] |

Byzantijnen (mv.)	bizánciak	[biza:ntsiɒk]
Byzantium (het)	Bizánc	[biza:nts]
Byzantijns (bn)	bizánci	[biza:ntsi]

keizer (bijv. Romeinse ~)	császár	[ʧa:sa:r]
opperhoofd (het)	törzsfőnök	[tørʒfø:nøk]
machtig (bn)	hatalmas	[hɒtɒlmɒʃ]
koning (de)	király	[kira:j]
heerser (de)	uralkodó	[urɒlkodo:]

ridder (de)	lovag	[lovɒg]
feodaal (de)	hűbérúr	[hy:be:ru:r]
feodaal (bn)	hűbéri	[hy:be:ri]
vazal (de)	hűbéres	[hy:be:rɛʃ]

hertog (de)	herceg	[hɛrtsɛg]
graaf (de)	gróf	[gro:f]
baron (de)	báró	[ba:ro:]
bisschop (de)	püspök	[pyʃpøk]

harnas (het)	fegyverzet	[fɛɟvɛrzɛt]
schild (het)	pajzs	[pɒjʒ]
zwaard (het)	kard	[kɒrd]
vizier (het)	sisakrostély	[ʃiʃɒkroʃte:j]
maliënkolder (de)	páncéling	[pa:ntse:liŋg]

| kruistocht (de) | keresztes hadjárat | [kɛrɛstɛʃ hɒdja:rɒt] |
| kruisvaarder (de) | keresztes lovag | [kɛrɛstɛʃ lovɒg] |

gebied (bijv. bezette ~en)	terület	[tɛrylɛt]
aanvallen (binnenvallen)	támad	[ta:mɒd]
veroveren (ww)	meghódít	[mɛgho:di:t]
innemen (binnenvallen)	meghódít	[mɛgho:di:t]

bezetting (de)	ostrom	[oʃtrom]
belegerd (bn)	ostromolt	[oʃtromolt]
belegeren (ww)	ostromol	[oʃtromol]

inquisitie (de)	inkvizíció	[iŋkvizi:tsio:]
inquisiteur (de)	inkvizítor	[iŋkvizi:tor]
foltering (de)	kínvallatás	[ki:nvɒllɒta:ʃ]
wreed (bn)	kegyetlen	[kɛɟɛtlɛn]
ketter (de)	eretnek	[ɛrɛtnɛk]
ketterij (de)	eretnekség	[ɛrɛtnɛkʃe:g]

zeevaart (de)	tengerhajózás	[tɛŋgɛr hɒjo:za:ʃ]
piraat (de)	kalóz	[kɒlo:z]
piraterij (de)	kalózság	[kɒlo:zʃa:g]
enteren (het)	csáklyázás	[ʧa:kja:za:ʃ]

| buit (de) | zsákmány | [ʒaːkmaːɲ] |
| schatten (mv.) | kincsek | [kintʃɛk] |

ontdekking (de)	felfedezés	[fɛlfɛdɛzeːʃ]
ontdekken (bijv. nieuw land)	felfedez	[fɛlfɛdɛz]
expeditie (de)	kutatóút	[kutɒtoːuːt]

musketier (de)	muskétás	[muʃkeːtaːʃ]
kardinaal (de)	bíboros	[biːborɒʃ]
heraldiek (de)	címertan	[tsiːmɛrtɒn]
heraldisch (bn)	címertani	[tsiːmɛrtɒni]

117. Leider. Baas. Autoriteiten

koning (de)	király	[kiraːj]
koningin (de)	királynő	[kiraːjnøː]
koninklijk (bn)	királyi	[kiraːji]
koninkrijk (het)	királyság	[kiraːjʃaːg]

| prins (de) | herceg | [hɛrtsɛg] |
| prinses (de) | hercegnő | [hɛrtsɛgnøː] |

president (de)	elnök	[ɛlnøk]
vicepresident (de)	alelnök	[ɒlɛlnøk]
senator (de)	szenátor	[sɛnaːtor]

monarch (de)	egyeduralkodó	[ɛɟɛjurɒlkodoː]
heerser (de)	uralkodó	[urɒlkodoː]
dictator (de)	diktátor	[diktaːtor]
tiran (de)	zsarnok	[ʒɒrnok]
magnaat (de)	mágnás	[maːgnaːʃ]

directeur (de)	igazgató	[igɒzgɒtoː]
chef (de)	főnök	[føːnøk]
beheerder (de)	vezető	[vɛzɛtøː]
baas (de)	főnök	[føːnøk]
eigenaar (de)	tulajdonos	[tulɒjdonoʃ]

hoofd	vezető	[vɛzɛtøː]
(bijv. ~ van de delegatie)		
autoriteiten (mv.)	hatóságok	[hɒtoːʃaːgok]
superieuren (mv.)	vezetőség	[vɛzɛtøːʃeːg]

gouverneur (de)	kormányzó	[kormaːɲzoː]
consul (de)	konzul	[konzul]
diplomaat (de)	diplomata	[diplomɒtɒ]

| burgemeester (de) | polgármester | [polgaːrmɛʃtɛr] |
| sheriff (de) | seriff | [ʃɛriff] |

keizer (bijv. Romeinse ~)	császár	[tʃaːsaːr]
tsaar (de)	cár	[tsaːr]
farao (de)	fáraó	[faːrɒoː]
kan (de)	kán	[kaːn]

118. De wet overtreden. Criminelen. Deel 1

bandiet (de)	bandita	[bɔnditɒ]
misdaad (de)	bűntett	[byːntɛtt]
misdadiger (de)	bűnöző	[byːnøzøː]

dief (de)	tolvaj	[tolvɒj]
stelen (ww)	lop	[lop]
stelen, diefstal (de)	lopás	[lopaːʃ]

kidnappen (ww)	elrabol	[ɛlrɒbol]
kidnapping (de)	elrablás	[ɛlrɒblaːʃ]
kidnapper (de)	elrabló	[ɛlrɒbloː]

| losgeld (het) | váltságdíj | [vaːltʃaːgdiːj] |
| eisen losgeld (ww) | váltságdíjat követel | [vaːltʃaːgdiːjɒt køvɛtɛl] |

| overvallen (ww) | kirabol | [kirɒbol] |
| overvaller (de) | rabló | [rɒbloː] |

afpersen (ww)	kizsarol	[kiʒɒrol]
afperser (de)	zsaroló	[ʒɒroloː]
afpersing (de)	zsarolás	[ʒɒrolaːʃ]

vermoorden (ww)	megöl	[mɛgøl]
moord (de)	gyilkosság	[ɟilkoʃaːg]
moordenaar (de)	gyilkos	[ɟilkoʃ]

schot (het)	lövés	[løveːʃ]
een schot lossen	lő	[løː]
neerschieten (ww)	agyonlő	[ɒɟønløː]
schieten (ww)	tüzel	[tyzɛl]
schieten (het)	tüzelés	[tyzɛleːʃ]

ongeluk (gevecht, enz.)	eset	[ɛʃɛt]
gevecht (het)	verekedés	[vɛrɛkɛdeːʃ]
Help!	Segítség!	[ʃɛgiːtʃeːg]
slachtoffer (het)	áldozat	[aːldozɒt]

beschadigen (ww)	megrongál	[mɛgroŋgaːl]
schade (de)	kár	[kaːr]
lijk (het)	hulla	[hullɒ]
zwaar (~ misdrijf)	súlyos	[ʃuːjoʃ]

aanvallen (ww)	támad	[taːmɒd]
slaan (iemand ~)	üt	[yt]
in elkaar slaan (toetakelen)	megver	[mɛgvɛr]
ontnemen (beroven)	elvesz	[ɛlvɛs]
steken (met een mes)	levág	[lɛvaːg]
verminken (ww)	megcsonkít	[mɛgtʃoŋkiːt]
verwonden (ww)	megsebez	[mɛgʃɛbɛz]

chantage (de)	zsarolás	[ʒɒrolaːʃ]
chanteren (ww)	zsarol	[ʒɒrol]
chanteur (de)	zsaroló	[ʒɒroloː]

afpersing (de)	védelmi pénz zsarolása	[veːdɛlmi peːnz ʒɒrolaːʃɒ]
afperser (de)	védelmi pénz beszedője	[veːdɛlmi peːnz bɛsɛdøːjɛ]
gangster (de)	gengszter	[gɛŋgstɛr]
maffia (de)	maffia	[mɒffiɒ]
kruimeldief (de)	zsebtolvaj	[ʒɛptolvɒj]
inbreker (de)	betörő	[bɛtørøː]
smokkelen (het)	csempészés	[ʧɛmpeːseːʃ]
smokkelaar (de)	csempész	[ʧɛmpeːs]
namaak (de)	hamisítás	[hɒmiʃiːtaːʃ]
namaken (ww)	hamisít	[hɒmiʃiːt]
namaak-, vals (bn)	hamisított	[hɒmiʃiːtott]

119. De wet overtreden. Criminelen. Deel 2

verkrachting (de)	erőszakolás	[ɛrøːsɒkolaːʃ]
verkrachten (ww)	erőszakol	[ɛrøːsɒkol]
verkrachter (de)	erőszakos	[ɛrøːsɒkoʃ]
maniak (de)	megszállott	[mɛksaːllott]
prostituee (de)	prostituált nő	[proʃtituaːlt nøː]
prostitutie (de)	prostitúció	[proʃtituːtsioː]
pooier (de)	strici	[ʃtritsi]
drugsverslaafde (de)	narkós	[nɒrkoːʃ]
drugshandelaar (de)	kábítószerkereskedő	[kaːbiːtoːsɛrkɛrɛʃkɛdø]
opblazen (ww)	felrobbant	[fɛlrobbɒnt]
explosie (de)	robbanás	[robbɒnaːʃ]
in brand steken (ww)	felgyújt	[fɛlɟuːjt]
brandstichter (de)	gyújtogató	[ɟuːjtogɒtoː]
terrorisme (het)	terrorizmus	[tɛrrorizmuʃ]
terrorist (de)	terrorista	[tɛrroriʃtɒ]
gijzelaar (de)	túsz	[tuːs]
bedriegen (ww)	megcsal	[mɛgʧɒl]
bedrog (het)	csalás	[ʧɒlaːʃ]
oplichter (de)	csaló	[ʧɒloː]
omkopen (ww)	megveszteget	[mɛgvɛstɛgɛt]
omkoperij (de)	megvesztegetés	[mɛgvɛstɛgɛteːʃ]
smeergeld (het)	csúszópénz	[ʧuːsoːpeːnz]
vergif (het)	méreg	[meːrɛg]
vergiftigen (ww)	megmérgez	[mɛgmeːrgɛz]
vergif innemen (ww)	megmérgezi magát	[mɛgmeːrgɛzi mɒgaːt]
zelfmoord (de)	öngyilkosság	[øɲɟilkoʃaːg]
zelfmoordenaar (de)	öngyilkos	[øɲɟilkoʃ]
bedreigen (bijv. met een pistool)	fenyeget	[fɛɲɛgɛt]

bedreiging (de)	fenyegetés	[fɛnɛgɛteːʃ]
een aanslag plegen	megkísért	[mɛkkiːʃeːrt]
aanslag (de)	merénylet	[mɛreːɲlɛt]
stelen (een auto)	ellop	[ɛllop]
kapen (een vliegtuig)	eltérít	[ɛlteːriːt]
wraak (de)	bosszú	[bossuː]
wreken (ww)	megbosszul	[mɛgbossul]
martelen (gevangenen)	kínoz	[kiːnoz]
foltering (de)	kínvallatás	[kiːnvɒllɒtaːʃ]
folteren (ww)	gyötör	[ɟøtør]
piraat (de)	kalóz	[kɒloːz]
straatschender (de)	huligán	[huligaːn]
gewapend (bn)	fegyveres	[fɛɟvɛrɛʃ]
geweld (het)	erőszak	[ɛrøːsɒk]
spionage (de)	kémkedés	[keːmkɛdeːʃ]
spioneren (ww)	kémkedik	[keːmkɛdik]

120. Politie. Wet. Deel 1

justitie (de)	igazságügy	[igɒʃaːɟyɟ]
gerechtshof (het)	bíróság	[biːroːʃaːg]
rechter (de)	bíró	[biːroː]
jury (de)	esküdtek	[ɛʃkyttɛk]
juryrechtspraak (de)	esküdtbíróság	[ɛʃkyttbiːroːʃaːg]
berechten (ww)	elítél	[ɛliːteːl]
advocaat (de)	ügyvéd	[yɟveːd]
beklaagde (de)	vádlott	[vaːdlott]
beklaagdenbank (de)	vádlottak padja	[vaːdlottɒk pɒɟɒ]
beschuldiging (de)	vád	[vaːd]
beschuldigde (de)	vádlott	[vaːdlott]
vonnis (het)	ítélet	[iːteːlɛt]
veroordelen (in een rechtszaak)	elítél	[ɛliːteːl]
schuldige (de)	bűnös	[byːnøʃ]
straffen (ww)	büntet	[byntɛt]
bestraffing (de)	büntetés	[byntɛteːʃ]
boete (de)	pénzbüntetés	[peːnzbyntɛteːʃ]
doodstraf (de)	halálbüntetés	[hɒlaːlbyntɛteːʃ]
elektrische stoel (de)	villamosszék	[villɒmoʃseːk]
schavot (het)	akasztófa	[ɒkɒstoːfɒ]
executeren (ww)	kivégez	[kiveːgɛz]
executie (de)	kivégzés	[kiveːgzeːʃ]

| gevangenis (de) | börtön | [børtøn] |
| cel (de) | cella | [tsɛllɒ] |

konvooi (het)	őrkíséret	[øːrkiːʃeːrɛt]
gevangenisbewaker (de)	börtönőr	[børtønøːr]
gedetineerde (de)	fogoly	[fogoj]

| handboeien (mv.) | kézbilincs | [keːzbilintʃ] |
| handboeien omdoen | megbilincsel | [mɛgbilintʃɛl] |

ontsnapping (de)	szökés	[søkeːʃ]
ontsnappen (ww)	megszökik	[mɛgsøkik]
verdwijnen (ww)	eltűnik	[ɛltyːnik]
vrijlaten (uit de gevangenis)	megszabadít	[mɛgsɒbɒdiːt]
amnestie (de)	közkegyelem	[køskɛɟɛlɛm]

politie (de)	rendőrség	[rɛndøːrʃeːg]
politieagent (de)	rendőr	[rɛndøːr]
politiebureau (het)	rendőrőrszoba	[rɛndøːrøːrsobɒ]
knuppel (de)	gumibot	[gumibot]
megafoon (de)	hangtölcsér	[hɒŋg tøltʃeːr]

patrouilleerwagen (de)	járőrszolgálat	[jaːrøːr solgaːlɒt]
sirene (de)	sziréna	[sireːna]
de sirene aansteken	bekapcsolja a szirénát	[bɛkɒptʃojɒ ɒ sireːnaːt]
geloei (het) van de sirene	szirénahang	[sireːnɒhɒŋg]

plaats delict (de)	helyszín	[hɛjsiːn]
getuige (de)	tanú	[tɒnuː]
vrijheid (de)	szabadság	[sɒbɒdʃaːg]
handlanger (de)	bűntárs	[byːntaːrʃ]
ontvluchten (ww)	elbújik	[ɛlbuːjik]
spoor (het)	nyom	[ɲom]

121. Politie. Wet. Deel 2

opsporing (de)	körözés	[kørøzeːʃ]
opsporen (ww)	keres	[kɛrɛʃ]
verdenking (de)	gyanú	[ɟɒnuː]
verdacht (bn)	gyanús	[ɟɒnuːʃ]
aanhouden (stoppen)	megállít	[mɛgaːlliːt]
tegenhouden (ww)	letartóztat	[lɛtɒrtoːztɒt]

strafzaak (de)	ügy	[yɟ]
onderzoek (het)	vizsgálat	[viʒgaːlɒt]
detective (de)	nyomozó	[ɲomozoː]
onderzoeksrechter (de)	vizsgáló	[viʒgaːloː]
versie (de)	verzió	[vɛrzioː]

motief (het)	indok	[indok]
verhoor (het)	vallatás	[vɒllɒtaːʃ]
ondervragen (door de politie)	vallat	[vɒllɒt]
ondervragen (omstanders ~)	kikérdez	[kikeːrdɛz]
controle (de)	ellenőrzés	[ɛllɛnøːrzeːʃ]

razzia (de)	razzia	[rɔzziɒ]
huiszoeking (de)	átkutatás	[aːtkutɒtaːʃ]
achtervolging (de)	üldözés	[yldøzeːʃ]
achtervolgen (ww)	üldöz	[yldøz]
opsporen (ww)	követ	[køvɛt]

arrest (het)	letartóztatás	[lɛtɒrtoːztɒtaːʃ]
arresteren (ww)	letartóztat	[lɛtɒrtoːztɒt]
vangen, aanhouden (een dief, enz.)	elfog	[ɛlfog]
aanhouding (de)	elfogás	[ɛlfogaːʃ]

document (het)	irat	[irɒt]
bewijs (het)	bizonyíték	[bizoniːteːk]
bewijzen (ww)	bebizonyít	[bɛbizoniːt]
voetspoor (het)	nyom	[ɲom]
vingerafdrukken (mv.)	ujjlenyomat	[ujjlɛnømɒt]
bewijs (het)	bizonyíték	[bizoniːteːk]

alibi (het)	alibi	[ɒlibi]
onschuldig (bn)	ártatlan	[aːrtɒtlɒn]
onrecht (het)	igazságtalanság	[igɒʃaːgtɒlɒnʃaːg]
onrechtvaardig (bn)	igazságtalan	[igɒʃaːgtɒlɒn]

crimineel (bn)	krimi	[krimi]
confisqueren (in beslag nemen)	elkoboz	[ɛlkoboz]
drug (de)	kábítószer	[kaːbiːtoːsɛr]
wapen (het)	fegyver	[fɛɟvɛr]
ontwapenen (ww)	lefegyverez	[lɛfɛɟvɛrɛz]
bevelen (ww)	parancsol	[pɒrɒntʃol]
verdwijnen (ww)	eltűnik	[ɛltyːnik]

wet (de)	törvény	[tørveːɲ]
wettelijk (bn)	törvényes	[tørveːɲɛʃ]
onwettelijk (bn)	törvénytelen	[tørveːɲtɛlɛn]

verantwoordelijkheid (de)	felelősség	[fɛlɛløːʃeːg]
verantwoordelijk (bn)	felelős	[fɛlɛløːʃ]

NATUUR

De Aarde. Deel 1

122. De kosmische ruimte

kosmos (de)	világűr	[vilaːgyːr]
kosmisch (bn)	űr	[yːr]
kosmische ruimte (de)	világűr	[vilaːgyːr]
wereld (de)	világmindenség	[vilaːg mindɛnʃeːg]
heelal (het)	világegyetem	[vilaːgɛɟɛtɛm]
sterrenstelsel (het)	galaxis	[gɒlɒksis]
ster (de)	csillag	[ʧillɒg]
sterrenbeeld (het)	csillagzat	[ʧillɒgzɒt]
planeet (de)	bolygó	[bojgoː]
satelliet (de)	műhold	[myːhold]
meteoriet (de)	meteorit	[mɛtɛorit]
komeet (de)	üstökös	[yʃtøkøʃ]
asteroïde (de)	aszteroida	[ɒstɛroidɒ]
baan (de)	égitest pályája	[eːgitɛʃt paːjaːjɒ]
draaien (om de zon, enz.)	kering	[kɛring]
atmosfeer (de)	légkör	[leːgkør]
Zon (de)	a Nap	[ɒ nɒp]
zonnestelsel (het)	naprendszer	[nɒprɛndsɛr]
zonsverduistering (de)	napfogyatkozás	[nɒpfoɟotkozaːʃ]
Aarde (de)	a Föld	[ɒ føld]
Maan (de)	a Hold	[ɒ hold]
Mars (de)	Mars	[mɒrʃ]
Venus (de)	Vénusz	[veːnus]
Jupiter (de)	Jupiter	[jupitɛr]
Saturnus (de)	Szaturnusz	[sɒturnus]
Mercurius (de)	Merkúr	[mɛrkur]
Uranus (de)	Uranus	[urɒnuʃ]
Neptunus (de)	Neptunusz	[nɛptunus]
Pluto (de)	Plútó	[pluːtoː]
Melkweg (de)	Tejút	[tɛjuːt]
Grote Beer (de)	Göncölszekér	[gøntsølsɛkeːr]
Poolster (de)	Sarkcsillag	[ʃɒrkʧillɒg]
marsmannetje (het)	marslakó	[mɒrʃlɒkoː]
buitenaards wezen (het)	földönkívüli	[føldønkiːvyli]

bovenaards (het)	űrlény	[y:rle:ɲ]
vliegende schotel (de)	ufó	[ufo:]
ruimtevaartuig (het)	űrhajó	[y:rhɒjo:]
ruimtestation (het)	orbitális űrállomás	[orbita:liʃ y:ra:lloma:ʃ]
start (de)	rajt	[rɒjt]
motor (de)	hajtómű	[hɒjto:my:]
straalpijp (de)	fúvóka	[fu:vo:kɒ]
brandstof (de)	fűtőanyag	[fy:tø:ɒɲɒg]
cabine (de)	fülke	[fylkɛ]
antenne (de)	antenna	[ɒntɛnnɒ]
patrijspoort (de)	hajóablak	[hɒjo:ɒblɒk]
zonnebatterij (de)	napelem	[nɒpɛlɛm]
ruimtepak (het)	űrhajósruha	[y:rhɒjo:ʃ ruhɒ]
gewichtloosheid (de)	súlytalanság	[ʃu:jtɒlɒnʃa:g]
zuurstof (de)	oxigén	[oksige:n]
koppeling (de)	összekapcsolás	[øssɛkɒptʃola:ʃ]
koppeling maken	összekapcsol	[øssɛkɒptʃol]
observatorium (het)	csillagvizsgáló	[tʃillɒgviʒga:lo:]
telescoop (de)	távcső	[ta:vtʃø:]
waarnemen (ww)	figyel	[fiɟɛl]
exploreren (ww)	kutat	[kutɒt]

123. De Aarde

Aarde (de)	a Föld	[ɒ føld]
aardbol (de)	földgolyó	[føldgojo:]
planeet (de)	bolygó	[bojgo:]
atmosfeer (de)	légkör	[le:gkør]
aardrijkskunde (de)	földrajz	[føldrɒjz]
natuur (de)	természet	[tɛrme:sɛt]
wereldbol (de)	földgömb	[føldgomb]
kaart (de)	térkép	[te:rke:p]
atlas (de)	atlasz	[ɒtlɒs]
Europa (het)	Európa	[ɛuro:pɒ]
Azië (het)	Ázsia	[a:ʒiɒ]
Afrika (het)	Afrika	[ɒfrikɒ]
Australië (het)	Ausztrália	[ɒustra:liɒ]
Amerika (het)	Amerika	[ɒmɛrikɒ]
Noord-Amerika (het)	ÉszakAmerika	[e:sɒkɒmɛrikɒ]
Zuid-Amerika (het)	DélAmerika	[de:lɒmɛrikɒ]
Antarctica (het)	Antarktisz	[ɒntɒrktis]
Arctis (de)	Arktisz	[ɒrktis]

124. Windrichtingen

noorden (het)	észak	[eːsɒk]
naar het noorden	északra	[eːsɒkrɒ]
in het noorden	északon	[eːsɒkon]
noordelijk (bn)	északi	[eːsɒki]
zuiden (het)	dél	[deːl]
naar het zuiden	délre	[deːlrɛ]
in het zuiden	délen	[deːlɛn]
zuidelijk (bn)	déli	[deːli]
westen (het)	nyugat	[ɲugɒt]
naar het westen	nyugatra	[ɲugɒtrɒ]
in het westen	nyugaton	[ɲugɒton]
westelijk (bn)	nyugati	[ɲugɒti]
oosten (het)	kelet	[kɛlɛt]
naar het oosten	keletre	[kɛlɛtrɛ]
in het oosten	keleten	[kɛlɛtɛn]
oostelijk (bn)	keleti	[kɛlɛti]

125. Zee. Oceaan

zee (de)	tenger	[tɛŋgɛr]
oceaan (de)	óceán	[oːtsɛaːn]
golf (baai)	öböl	[øbøl]
straat (de)	tengerszoros	[tɛŋgɛrsoroʃ]
continent (het)	földrész	[føldreːs]
eiland (het)	sziget	[sigɛt]
schiereiland (het)	félsziget	[feːlsigɛt]
archipel (de)	szigetcsoport	[sigɛttʃoport]
baai, bocht (de)	öböl	[øbøl]
haven (de)	rév	[reːv]
lagune (de)	lagúna	[lɒguːnɒ]
kaap (de)	fok	[fok]
atol (de)	atoll	[ɒtoll]
rif (het)	szirt	[sirt]
koraal (het)	korall	[korɒll]
koraalrif (het)	korallszirt	[korɒllsirt]
diep (bn)	mély	[meːj]
diepte (de)	mélység	[meːjʃeːg]
diepzee (de)	abisszikus	[ɒbissikus]
trog (bijv. Marianentrog)	mélyedés	[meːjɛdeːʃ]
stroming (de)	folyás	[fojaːʃ]
omspoelen (ww)	körülvesz	[køryl vɛs]
oever (de)	part	[pɒrt]
kust (de)	part	[pɒrt]

vloed (de)	dagály	[dɒgaːj]
eb (de)	apály	[ɒpaːj]
ondiepte (ondiep water)	zátony	[zaːtoɲ]
bodem (de)	alj	[ɒj]

golf (hoge ~)	hullám	[hullaːm]
golfkam (de)	taraj	[tɒrɒj]
schuim (het)	hab	[hɒb]

orkaan (de)	orkán	[orkaːn]
tsunami (de)	szökőár	[søkøːaːr]
windstilte (de)	szélcsend	[seːltʃɛnd]
kalm (bijv. ~e zee)	csendes	[tʃɛndɛʃ]

| pool (de) | sark | [ʃɒrk] |
| polair (bn) | sarki | [ʃɒrki] |

breedtegraad (de)	szélesség	[seːlɛʃeːg]
lengtegraad (de)	hosszúság	[hossuːʃaːg]
parallel (de)	szélességi kör	[seːlɛʃeːgi kør]
evenaar (de)	egyenlítő	[ɛɟɛnliːtøː]

hemel (de)	ég	[eːg]
horizon (de)	látóhatár	[laːtoːhɒtaːr]
lucht (de)	levegő	[lɛvɛgøː]

vuurtoren (de)	világítótorony	[vilaːgiːtoːtoroɲ]
duiken (ww)	lemerül	[lɛmɛryl]
zinken (ov. een boot)	elsüllyed	[ɛlʃyjːɛd]
schatten (mv.)	kincsek	[kintʃɛk]

126. Namen van zeeën en oceanen

Atlantische Oceaan (de)	Atlantióceán	[ɒtlɒntioːtsɛaːn]
Indische Oceaan (de)	Indiaióceán	[indiɒioːtsɛaːn]
Stille Oceaan (de)	Csendesóceán	[tʃɛndɛʃoːtsɛaːn]
Noordelijke IJszee (de)	Északisarkióceán	[eːsɒkiʃɒrkioːtsɛaːn]

Zwarte Zee (de)	Feketetenger	[fɛkɛtɛtɛŋgɛr]
Rode Zee (de)	Vöröstenger	[vørøʃtɛŋgɛr]
Gele Zee (de)	Sárgatenger	[ʃaːrgɒtɛŋgɛr]
Witte Zee (de)	Fehértenger	[fɛheːrtɛŋgɛr]

Kaspische Zee (de)	Kaszpitenger	[kɒspitɛŋgɛr]
Dode Zee (de)	Holttenger	[holttɛŋgɛr]
Middellandse Zee (de)	Földközitenger	[føldkøzitɛŋgɛr]

| Egeïsche Zee (de) | Égeitenger | [eːgɛitɛŋgɛr] |
| Adriatische Zee (de) | Adriaitenger | [ɒdriɒitɛŋgɛr] |

Arabische Zee (de)	Arabtenger	[ɒrɒbtɛŋgɛr]
Japanse Zee (de)	Japántenger	[jɒpaːntɛŋgɛr]
Beringzee (de)	Beringtenger	[bɛriŋtɛŋgɛr]
Zuid-Chinese Zee (de)	Délkínaitenger	[deːlkiːnɒitɛŋgɛr]

Koraalzee (de)	Koralltenger	[korɔlltɛŋɡɛr]
Tasmanzee (de)	Tasmántenger	[tɔsmaːntɛŋɡɛr]
Caribische Zee (de)	Karibtenger	[kɔribtɛŋɡɛr]
Barentszzee (de)	Barentstenger	[bɔrɛntʃtɛŋɡɛr]
Karische Zee (de)	Karatenger	[kɔrɒtɛŋɡɛr]
Noordzee (de)	Északitenger	[eːsɒkitɛŋɡɛr]
Baltische Zee (de)	Baltitenger	[bɔltitɛŋɡɛr]
Noorse Zee (de)	Norvégtenger	[norveːɡtɛŋɡɛr]

127. Bergen

berg (de)	hegy	[hɛɟ]
bergketen (de)	hegylánc	[hɛɟlaːnts]
gebergte (het)	hegygerinc	[hɛɟɡɛrints]

bergtop (de)	csúcs	[tʃuːtʃ]
bergpiek (de)	hegyfok	[hɛɟfok]
voet (ov. de berg)	láb	[laːb]
helling (de)	lejtő	[lɛjtøː]

vulkaan (de)	vulkán	[vulkaːn]
actieve vulkaan (de)	működő vulkán	[mykødøː vulkaːn]
uitgedoofde vulkaan (de)	kialudt vulkán	[kiɒlutt vulkaːn]

uitbarsting (de)	kitörés	[kitøreːʃ]
krater (de)	vulkántölcsér	[vulkaːntølt͡ʃeːr]
magma (het)	magma	[mɒɡmɒ]
lava (de)	láva	[laːvɒ]
gloeiend (~e lava)	izzó	[izzoː]

kloof (canyon)	kanyon	[kɒɲon]
bergkloof (de)	hegyszoros	[hɛɟsoroʃ]
spleet (de)	hasadék	[hɒʃɒdeːk]

bergpas (de)	hágó	[haːɡoː]
plateau (het)	fennsík	[fɛnnʃiːk]
klip (de)	szikla	[siklɒ]
heuvel (de)	domb	[domb]

gletsjer (de)	gleccser	[ɡlɛt͡ʃɛr]
waterval (de)	vízesés	[viːzɛʃeːʃ]
geiser (de)	szökőforrás	[søkøːforraːʃ]
meer (het)	tó	[toː]

vlakte (de)	síkság	[ʃiːkʃaːɡ]
landschap (het)	táj	[taːj]
echo (de)	visszhang	[visshɒŋɡ]

alpinist (de)	alpinista	[ɒlpiniʃtɒ]
bergbeklimmer (de)	sziklamászó	[siklɒ maːsoː]
trotseren (berg ~)	meghódít	[mɛɡhoːdiːt]
beklimming (de)	megmászás	[mɛɡmaːsaːʃ]

128. Bergen namen

Alpen (de)	Alpok	[ɒlpok]
Mont Blanc (de)	Mont Blanc	[mont blɒn]
Pyreneeën (de)	Pireneusok	[pirɛnɛuʃok]
Karpaten (de)	Kárpátok	[kaːrpaːtok]
Oeralgebergte (het)	Urál hegység	[uraːl hɛɟʃeːg]
Kaukasus (de)	Kaukázus	[kɒukaːzuʃ]
Elbroes (de)	Elbrusz	[ɛlbrus]
Altaj (de)	Altaj hegység	[ɒltoj hɛɟʃeːg]
Tiensjan (de)	Tiensan	[tjanʃan]
Pamir (de)	Pamír	[pɒmiːr]
Himalaya (de)	Himalája	[himɒlaːjɒ]
Everest (de)	Everest	[ɛvɛrɛst]
Andes (de)	Andok	[ɒndok]
Kilimanjaro (de)	Kilimandzsáró	[kilimɒndʑaːroː]

129. Rivieren

rivier (de)	folyó	[fojoː]
bron (~ van een rivier)	forrás	[forraːʃ]
rivierbedding (de)	meder	[mɛdɛr]
rivierbekken (het)	medence	[mɛdɛntsɛ]
uitmonden in ...	befolyik	[bɛfojik]
zijrivier (de)	mellékfolyó	[mɛlleːkfojoː]
oever (de)	part	[pɒrt]
stroming (de)	folyás	[fojaːʃ]
stroomafwaarts (bw)	folyón lefelé	[fojoːn lɛfɛleː]
stroomopwaarts (bw)	folyón fölfelé	[fojoːn følfɛleː]
overstroming (de)	árvíz	[aːrviːz]
overstroming (de)	áradás	[aːrɒdaːʃ]
buiten zijn oevers treden	kiárad	[kiɒrɒd]
overstromen (ww)	eláraszt	[ɛlaːrɒst]
zandbank (de)	zátony	[zaːtoɲ]
stroomversnelling (de)	zuhogó	[zuhogoː]
dam (de)	gát	[gaːt]
kanaal (het)	csatorna	[tʃɒtornɒ]
spaarbekken (het)	víztároló	[viːztaːroloː]
sluis (de)	zsilip	[ʒilip]
waterlichaam (het)	vizek	[vizɛk]
moeras (het)	mocsár	[motʃaːr]
broek (het)	ingovány	[iŋgovaːɲ]
draaikolk (de)	forgatag	[forgɒtɒg]
stroom (de)	patak	[pɒtɒk]

drink- (abn)	iható	[ihɒtoː]
zoet (~ water)	édesvízi	[eːdɛʃviːzi]
ijs (het)	jég	[jeːg]
bevriezen (rivier, enz.)	befagy	[bɛfɒɟ]

130. Namen van rivieren

Seine (de)	Szajna	[sɒjnɒ]
Loire (de)	Loire	[luɒr]
Theems (de)	Temze	[tɛmzɛ]
Rijn (de)	Rajna	[rɒjnɒ]
Donau (de)	Duna	[dunɒ]
Wolga (de)	Volga	[volgɒ]
Don (de)	Don	[don]
Lena (de)	Léna	[leːnɒ]
Gele Rivier (de)	Sárgafolyó	[ʃaːrgɒfojoː]
Blauwe Rivier (de)	Jangce	[jɒŋgtsɛ]
Mekong (de)	Mekong	[mɛkoŋg]
Ganges (de)	Gangesz	[gɒŋgɛs]
Nijl (de)	Nílus	[niːluʃ]
Kongo (de)	Kongó	[koŋgoː]
Okavango (de)	Okavango	[okɒvɒŋgo]
Zambezi (de)	Zambézi	[zɒmbeːzi]
Limpopo (de)	Limpopo	[limpopo]
Mississippi (de)	Mississippi	[mississippi]

131. Bos

bos (het)	erdő	[ɛrdøː]
bos- (abn)	erdő	[ɛrdøː]
oerwoud (dicht bos)	sűrűség	[ʃyːryːʃeːg]
bosje (klein bos)	erdőcske	[ɛrdøːtʃkɛ]
open plek (de)	tisztás	[tistaːʃ]
struikgewas (het)	bozót	[bozoːt]
struiken (mv.)	cserje	[tʃɛrjɛ]
paadje (het)	gyalogút	[ɟologuːt]
ravijn (het)	vízmosás	[viːzmoʃaːʃ]
boom (de)	fa	[fɒ]
blad (het)	levél	[lɛveːl]
gebladerte (het)	lomb	[lomb]
vallende bladeren (mv.)	lombhullás	[lombhullaːʃ]
vallen (ov. de bladeren)	lehull	[lɛhull]

boomtop (de)	tető	[tɛtøː]
tak (de)	ág	[aːg]
ent (de)	ág	[aːg]
knop (de)	rügy	[ryɟ]
naald (de)	tűlevél	[tyːlɛveːl]
dennenappel (de)	toboz	[toboz]
boom holte (de)	odú	[oduː]
nest (het)	fészek	[feːsɛk]
hol (het)	üreg	[yrɛg]
stam (de)	törzs	[tørʒ]
wortel (bijv. boom~s)	gyökér	[ɟøkeːr]
schors (de)	kéreg	[keːrɛg]
mos (het)	moha	[mohɒ]
ontwortelen (een boom)	kiás	[kiaːʃ]
kappen (een boom ~)	irt	[irt]
ontbossen (ww)	irt	[irt]
stronk (de)	tönk	[tøŋk]
kampvuur (het)	tábortűz	[taːbortyːz]
bosbrand (de)	erdőtűz	[ɛrdøːtyːz]
blussen (ww)	olt	[olt]
boswachter (de)	erdész	[ɛrdeːs]
bescherming (de)	őrzés	[øːrzeːʃ]
beschermen (bijv. de natuur ~)	őriz	[øːriz]
stroper (de)	vadorzó	[vɒdorzoː]
val (de)	csapda	[tʃɒbdɒ]
plukken (paddestoelen ~)	gombázik	[gombaːzik]
plukken (bessen ~)	szed	[sɛd]
verdwalen (de weg kwijt zijn)	eltéved	[ɛlteːvɛd]

132. Natuurlijke hulpbronnen

natuurlijke rijkdommen (mv.)	természeti kincsek	[tɛrmeːsɛti kintʃɛk]
delfstoffen (mv.)	ásványkincsek	[aːʃvaːɲ kintʃɛk]
lagen (mv.)	rétegek	[reːtɛgɛk]
veld (bijv. olie~)	lelőhely	[lɛløːhɛj]
winnen (uit erts ~)	kitermel	[kitɛrmɛl]
winning (de)	kitermelés	[kitɛrmɛleːʃ]
erts (het)	érc	[eːrts]
mijn (bijv. kolenmijn)	bánya	[baːɲɒ]
mijnschacht (de)	akna	[ɒknɒ]
mijnwerker (de)	bányász	[baːnjaːs]
gas (het)	gáz	[gaːz]
gasleiding (de)	gázvezeték	[gaːzvɛzɛteːk]
olie (aardolie)	nyersolaj	[ɲɛrʃolɒj]
olieleiding (de)	olajvezeték	[olɒjvɛzɛteːk]

oliebron (de)	olajkút	[olɒjkuːt]
boortoren (de)	fúrótorony	[fuːroːtoroɲ]
tanker (de)	tartályhajó	[tɒrtaːjhɒjoː]

zand (het)	homok	[homok]
kalksteen (de)	mészkő	[meːskøː]
grind (het)	kavics	[kɒvitʃ]
veen (het)	tőzeg	[tøːzɛg]
klei (de)	agyag	[ɒɟog]
steenkool (de)	szén	[seːn]

ijzer (het)	vas	[vɒʃ]
goud (het)	arany	[ɒrɒɲ]
zilver (het)	ezüst	[ɛzyʃt]
nikkel (het)	nikkel	[nikkɛl]
koper (het)	réz	[reːz]

zink (het)	horgany	[horgɒɲ]
mangaan (het)	mangán	[mɒŋgaːn]
kwik (het)	higany	[higɒɲ]
lood (het)	ólom	[oːlom]

mineraal (het)	ásvány	[aːʃvaːɲ]
kristal (het)	kristály	[kriʃtaːj]
marmer (het)	márvány	[maːrvaːɲ]
uraan (het)	uránium	[uraːnium]

De Aarde. Deel 2

133. Weer

weer (het)	időjárás	[idø:ja:ra:ʃ]
weersvoorspelling (de)	időjárásjelentés	[idø:ja:ra:ʃjɛlɛnte:ʃ]
temperatuur (de)	hőmérséklet	[hø:me:rʃe:klɛt]
thermometer (de)	hőmérő	[hø:me:rø:]
barometer (de)	légsúlymérő	[le:gʃu:jme:rø:]
vochtigheid (de)	nedvesség	[nɛdvɛʃe:g]
hitte (de)	hőség	[hø:ʃe:g]
heet (bn)	forró	[forro:]
het is heet	hőség van	[hø:ʃe:g vɒn]
het is warm	meleg van	[mɛlɛg vɒn]
warm (bn)	meleg	[mɛlɛg]
het is koud	hideg van	[hidɛg vɒn]
koud (bn)	hideg	[hidɛg]
zon (de)	nap	[nɒp]
schijnen (de zon)	süt	[ʃyt]
zonnig (~e dag)	napos	[nɒpoʃ]
opgaan (ov. de zon)	felkel	[fɛlkɛl]
ondergaan (ww)	lemegy	[lɛmɛɟ]
wolk (de)	felhő	[fɛlhø:]
bewolkt (bn)	felhős	[fɛlhø:ʃ]
regenwolk (de)	esőfelhő	[ɛʃø:fɛlhø:]
somber (bn)	borús	[boru:ʃ]
regen (de)	eső	[ɛʃø:]
het regent	esik az eső	[ɛʃik ɒz ɛʃø:]
regenachtig (bn)	esős	[ɛʃø:ʃ]
motregenen (ww)	szemerkél	[sɛmɛrke:l]
plensbui (de)	zápor	[za:por]
stortbui (de)	zápor	[za:por]
hard (bn)	erős	[ɛrø:ʃ]
plas (de)	tócsa	[to:tʃɒ]
nat worden (ww)	ázik	[a:zik]
mist (de)	köd	[kød]
mistig (bn)	ködös	[kødøʃ]
sneeuw (de)	hó	[ho:]
het sneeuwt	havazik	[hɒvɒzik]

134. Zwaar weer. Natuurrampen

noodweer (storm)	zivatar	[zivɒtɒr]
bliksem (de)	villám	[vilːaːm]
flitsen (ww)	villámlik	[vilːaːmlik]
donder (de)	mennydörgés	[mɛɲɲdørgeːʃ]
donderen (ww)	dörög	[dørøg]
het dondert	mennydörög	[mɛɲɲdørøg]
hagel (de)	jégeső	[jeːgɛʃøː]
het hagelt	jég esik	[jeːg ɛʃik]
overstromen (ww)	elárad	[ɛlaːrɒd]
overstroming (de)	árvíz	[aːrviːz]
aardbeving (de)	földrengés	[føldrɛnɡeːʃ]
aardschok (de)	lökés	[løkeːʃ]
epicentrum (het)	epicentrum	[ɛpitsɛntrum]
uitbarsting (de)	kitörés	[kitøreːʃ]
lava (de)	láva	[laːvɒ]
wervelwind (de)	forgószél	[forgoːseːl]
windhoos (de)	tornádó	[tornaːdoː]
tyfoon (de)	tájfun	[taːjfun]
orkaan (de)	orkán	[orkaːn]
storm (de)	vihar	[vihɒr]
tsunami (de)	szökőár	[søkøːaːr]
cycloon (de)	ciklon	[tsiklon]
onweer (het)	rossz idő	[rossː idøː]
brand (de)	tűz	[tyːz]
ramp (de)	katasztrófa	[kɒtɒstroːfɒ]
meteoriet (de)	meteorit	[mɛtɛorit]
lawine (de)	lavina	[lɒvinɒ]
sneeuwverschuiving (de)	hógörgeteg	[hoːgørgɛtɛg]
sneeuwjacht (de)	hóvihar	[hoːvihɒr]
sneeuwstorm (de)	hóvihar	[hoːvihɒr]

Fauna

135. Zoogdieren. Roofdieren

roofdier (het)	ragadozó állat	[rɒgɒdozo: aːllɒt]
tijger (de)	tigris	[tigriʃ]
leeuw (de)	oroszlán	[oroslaːn]
wolf (de)	farkas	[fɒrkɒʃ]
vos (de)	róka	[roːkɒ]
jaguar (de)	jaguár	[jɒguaːr]
luipaard (de)	leopárd	[lɛopaːrd]
jachtluipaard (de)	gepárd	[gɛpaːrd]
panter (de)	párduc	[paːrduts]
poema (de)	puma	[pumɒ]
sneeuwluipaard (de)	hópárduc	[hoːpaːrduts]
lynx (de)	hiúz	[hiuːz]
coyote (de)	prérifarkas	[preːrifɒrkɒʃ]
jakhals (de)	sakál	[ʃɒkaːl]
hyena (de)	hiéna	[hieːnɒ]

136. Wilde dieren

dier (het)	állat	[aːllɒt]
beest (het)	vadállat	[vɒdaːllɒt]
eekhoorn (de)	mókus	[moːkuʃ]
egel (de)	sündisznó	[ʃyndisnoː]
haas (de)	nyúl	[ɲuːl]
konijn (het)	nyúl	[ɲuːl]
das (de)	borz	[borz]
wasbeer (de)	mosómedve	[moʃoːmɛdvɛ]
hamster (de)	hörcsög	[hørtʃøg]
marmot (de)	mormota	[mormotɒ]
mol (de)	vakond	[vɒkond]
muis (de)	egér	[ɛgeːr]
rat (de)	patkány	[pɒtkaːɲ]
vleermuis (de)	denevér	[dɛnɛveːr]
hermelijn (de)	hermelin	[hɛrmɛlin]
sabeldier (het)	coboly	[tsoboj]
marter (de)	nyuszt	[ɲust]
wezel (de)	menyét	[mɛɲeːt]
nerts (de)	nyérc	[ɲeːrts]

bever (de)	hódprém	[hoːdpreːm]
otter (de)	vidra	[vidrɒ]
paard (het)	ló	[loː]
eland (de)	jávorszarvas	[jaːvorsɒrvɒʃ]
hert (het)	szarvas	[sɒrvɒʃ]
kameel (de)	teve	[tɛvɛ]
bizon (de)	bölény	[bøleːɲ]
wisent (de)	európai bölény	[ɛuroːpɒj bøleːɲ]
buffel (de)	bivaly	[bivɒj]
zebra (de)	zebra	[zɛbrɒ]
antilope (de)	antilop	[ɒntilop]
ree (de)	őz	[øːz]
damhert (het)	dámszarvas	[daːmsɒrvɒʃ]
gems (de)	zerge	[zɛrgɛ]
everzwijn (het)	vaddisznó	[vɒddisnoː]
walvis (de)	bálna	[baːlnɒ]
rob (de)	fóka	[foːkɒ]
walrus (de)	rozmár	[rozmaːr]
zeebeer (de)	medvefóka	[mɛdvɛfoːkɒ]
dolfijn (de)	delfin	[dɛlfin]
beer (de)	medve	[mɛdvɛ]
ijsbeer (de)	jegesmedve	[jɛgɛʃmɛdvɛ]
panda (de)	panda	[pɒndɒ]
aap (de)	majom	[mɒjom]
chimpansee (de)	csimpánz	[ʧimpaːnz]
orang-oetan (de)	orangután	[orɒŋgutaːn]
gorilla (de)	gorilla	[gorillɒ]
makaak (de)	makákó	[mɒkaːkoː]
gibbon (de)	gibbon	[gibbon]
olifant (de)	elefánt	[ɛlɛfaːnt]
neushoorn (de)	orrszarvú	[orrsɒrvuː]
giraffe (de)	zsiráf	[ʒiraːf]
nijlpaard (het)	víziló	[viːziloː]
kangoeroe (de)	kenguru	[kɛŋguru]
koala (de)	koala	[koɒlɒ]
mangoest (de)	mongúz	[moŋguːz]
chinchilla (de)	csincsilla	[ʧinʧillɒ]
stinkdier (het)	bűzös borz	[byːzøʃ borz]
stekelvarken (het)	tarajos sül	[tɒrɒjoʃ ʃyl]

137. Huisdieren

poes (de)	macska	[mɒʧkɒ]
kater (de)	kandúr	[kɒnduːr]
paard (het)	ló	[loː]

hengst (de)	mén	[me:n]
merrie (de)	kanca	[kɒntsɒ]
koe (de)	tehén	[tɛhe:n]
bul, stier (de)	bika	[bikɒ]
os (de)	ökör	[økør]
schaap (het)	juh	[juh]
ram (de)	kos	[koʃ]
geit (de)	kecske	[kɛtʃkɛ]
bok (de)	bakkecske	[bɒkkɛtʃkɛ]
ezel (de)	szamár	[sɒma:r]
muilezel (de)	öszvér	[øsve:r]
varken (het)	disznó	[disno:]
biggetje (het)	malac	[mɒlɒts]
konijn (het)	nyúl	[ɲu:l]
kip (de)	tyúk	[cu:k]
haan (de)	kakas	[kɒkɒʃ]
eend (de)	kacsa	[kɒtʃɒ]
woerd (de)	gácsér	[ga:tʃe:r]
gans (de)	liba	[libɒ]
kalkoen haan (de)	pulykakakas	[pujkɒkɒkɒʃ]
kalkoen (de)	pulyka	[pujkɒ]
huisdieren (mv.)	háziállatok	[ha:zi a:llɒtok]
tam (bijv. hamster)	szelíd	[sɛli:d]
temmen (tam maken)	megszelídít	[mɛgsɛli:di:t]
fokken (bijv. paarden ~)	tenyészt	[tɛne:st]
boerderij (de)	telep	[tɛlɛp]
gevogelte (het)	baromfi	[bɒromfi]
rundvee (het)	jószág	[jo:sa:g]
kudde (de)	nyáj	[nja:j]
paardenstal (de)	istálló	[iʃta:llo:]
zwijnenstal (de)	disznóól	[disno:o:l]
koeienstal (de)	tehénistálló	[tɛhe:niʃta:llo:]
konijnenhok (het)	nyúlketrec	[ɲu:lkɛtrɛts]
kippenhok (het)	tyúkól	[cu:ko:l]

138. Vogels

vogel (de)	madár	[mɒda:r]
duif (de)	galamb	[gɒlɒmb]
mus (de)	veréb	[vɛre:b]
koolmees (de)	cinke	[tsiŋkɛ]
ekster (de)	szarka	[sɒrkɒ]
raaf (de)	holló	[hollo:]
kraai (de)	varjú	[vɒrju:]

kauw (de)	csóka	[t͡ʃoːkɒ]
roek (de)	vetési varjú	[vɛteːʃi vɒrjuː]
eend (de)	kacsa	[kɒt͡ʃɒ]
gans (de)	liba	[libɒ]
fazant (de)	fácán	[faːtsaːn]
arend (de)	sas	[ʃɒʃ]
havik (de)	héja	[heːjɒ]
valk (de)	sólyom	[ʃoːjom]
gier (de)	griff	[griff]
condor (de)	kondor	[kondor]
zwaan (de)	hattyú	[hɒcːuː]
kraanvogel (de)	daru	[dɒru]
ooievaar (de)	gólya	[goːjɒ]
papegaai (de)	papagáj	[pɒpɒgaːj]
kolibrie (de)	kolibri	[kolibri]
pauw (de)	páva	[paːvɒ]
struisvogel (de)	strucc	[ʃtruts]
reiger (de)	kócsag	[koːt͡ʃɒg]
flamingo (de)	flamingó	[flɒmiŋoː]
pelikaan (de)	pelikán	[pɛlikaːn]
nachtegaal (de)	fülemüle	[fylɛmylɛ]
zwaluw (de)	fecske	[fɛt͡ʃkɛ]
lijster (de)	rigó	[rigoː]
zanglijster (de)	énekes rigó	[eːnɛkɛʃ rigoː]
merel (de)	fekete rigó	[fɛkɛtɛ rigoː]
gierzwaluw (de)	sarlós fecske	[ʃɒrloːʃ fɛt͡ʃkɛ]
leeuwerik (de)	pacsirta	[pɒt͡ʃirtɒ]
kwartel (de)	fürj	[fyrj]
specht (de)	harkály	[hɒrkaːj]
koekoek (de)	kakukk	[kɒkukk]
uil (de)	bagoly	[bɒgoj]
oehoe (de)	fülesbagoly	[fylɛʃbɒgoj]
auerhoen (het)	süketfajd	[ʃykɛtfɒjd]
korhoen (het)	nyírfajd	[ɲiːrfɒjd]
patrijs (de)	fogoly	[fogoj]
spreeuw (de)	seregély	[ʃɛrɛgeːj]
kanarie (de)	kanári	[kɒnaːri]
hazelhoen (het)	császármadár	[t͡ʃaːsaːrmɒdaːr]
vink (de)	erdei pinty	[ɛrdɛi piɲc]
goudvink (de)	pirók	[piroːk]
meeuw (de)	sirály	[ʃiraːj]
albatros (de)	albatrosz	[ɒlbɒtros]
pinguïn (de)	pingvin	[piŋgvin]

139. Vis. Zeedieren

brasem (de)	dévérkeszeg	[deːveːrkɛsɛg]
karper (de)	ponty	[poɲc]
baars (de)	folyami sügér	[fojɒmi ʃygeːr]
meerval (de)	harcsa	[hɒrtʃɒ]
snoek (de)	csuka	[tʃukɒ]
zalm (de)	lazac	[lɒzɒts]
steur (de)	tokhal	[tokhɒl]
haring (de)	hering	[hɛriŋg]
atlantische zalm (de)	lazac	[lɒzɒts]
makreel (de)	makréla	[mɒkreːlɒ]
platvis (de)	lepényhal	[lɛpeːɲhɒl]
snoekbaars (de)	fogas	[fogɒʃ]
kabeljauw (de)	tőkehal	[tøːkɛhɒl]
tonijn (de)	tonhal	[tonhɒl]
forel (de)	pisztráng	[pistraːŋg]
paling (de)	angolna	[ɒŋgolnɒ]
sidderrog (de)	villamos rája	[villɒmoʃ raːjɒ]
murene (de)	muréna	[mureːnɒ]
piranha (de)	pirája	[piraːjo]
haai (de)	cápa	[tsaːpɒ]
dolfijn (de)	delfin	[dɛlfin]
walvis (de)	bálna	[baːlnɒ]
krab (de)	tarisznyarák	[tɒrisɲɒraːk]
kwal (de)	medúza	[mɛduːzɒ]
octopus (de)	nyolckarú polip	[ɲoltskɒruː polip]
zeester (de)	tengeri csillag	[tɛŋgɛri tʃillɒg]
zee-egel (de)	tengeri sün	[tɛŋgɛri ʃyn]
zeepaardje (het)	tengeri csikó	[tɛŋgɛri tʃikoː]
oester (de)	osztriga	[ostrigɒ]
garnaal (de)	garnélarák	[gɒrneːlɒraːk]
kreeft (de)	homár	[homaːr]
langoest (de)	languszta	[lɒŋgustɒ]

140. Amfibieën. Reptielen

slang (de)	kígyó	[kiːɟøː]
giftig (slang)	mérges	[meːrgɛʃ]
adder (de)	vipera	[vipɛrɒ]
cobra (de)	kobra	[kobrɒ]
python (de)	piton	[piton]
boa (de)	boa	[boɒ]
ringslang (de)	sikló	[ʃikloː]

| ratelslang (de) | csörgőkígyó | [tʃørgøːkiɟøː] |
| anaconda (de) | anakonda | [ɒnɒkondɒ] |

hagedis (de)	gyík	[ɟiːk]
leguaan (de)	leguán	[lɛguaːn]
varaan (de)	varánusz	[vɒraːnus]
salamander (de)	szalamandra	[sɒlɒmɒndrɒ]
kameleon (de)	kaméleon	[kɒmeːlɛon]
schorpioen (de)	skorpió	[ʃkorpioː]

schildpad (de)	teknősbéka	[tɛknøːʃbeːkɒ]
kikker (de)	béka	[beːkɒ]
pad (de)	varangy	[vɒrɒɲɟ]
krokodil (de)	krokodil	[krokodil]

141. Insecten

insect (het)	rovar	[rovɒr]
vlinder (de)	lepke	[lɛpkɛ]
mier (de)	hangya	[hɒɲɟɒ]
vlieg (de)	légy	[leːɟ]
mug (de)	szúnyog	[suːnøg]
kever (de)	bogár	[bogaːr]

wesp (de)	darázs	[dɒraːʒ]
bij (de)	méh	[meːh]
hommel (de)	poszméh	[posmeːh]
horzel (de)	bögöly	[bøgøj]

| spin (de) | pók | [poːk] |
| spinnenweb (het) | pókháló | [poːkhaːloː] |

libel (de)	szitakötő	[sitɒkøtøː]
sprinkhaan (de)	tücsök	[tytʃøk]
nachtvlinder (de)	pillangó	[pillɒŋgoː]

kakkerlak (de)	svábbogár	[ʃvaːbbogaːr]
teek (de)	kullancs	[kullɒntʃ]
vlo (de)	bolha	[bolhɒ]
kriebelmug (de)	muslica	[muʃlitsɒ]

treksprinkhaan (de)	sáska	[ʃaːʃkɒ]
slak (de)	csiga	[tʃigɒ]
krekel (de)	tücsök	[tytʃøk]
glimworm (de)	szentjánosbogár	[sɛntjaːnoʃbogaːr]
lieveheersbeestje (het)	katicabogár	[kɒtitsɒbogaːr]
meikever (de)	cserebogár	[tʃɛrɛbogaːr]

bloedzuiger (de)	pióca	[pioːtsɒ]
rups (de)	hernyó	[hɛrnøː]
aardworm (de)	kukac	[kukɒts]
larve (de)	lárva	[laːrvɒ]

Flora

142. Bomen

boom (de)	fa	[fɒ]
loof- (abn)	lombos	[lomboʃ]
dennen- (abn)	tűlevelű	[tyːlɛvɛlyː]
groenblijvend (bn)	örökzöld	[ørøgzøld]
appelboom (de)	almafa	[ɒlmɒfɒ]
perenboom (de)	körte	[kørtɛ]
zoete kers (de)	cseresznyefa	[tʃɛrɛsnɛfɒ]
zure kers (de)	meggyfa	[mɛdɟfɒ]
pruimelaar (de)	szilvafa	[silvɒfɒ]
berk (de)	nyírfa	[ɲiːrfɒ]
eik (de)	tölgy	[tølɟ]
linde (de)	hársfa	[haːrʃfɒ]
esp (de)	rezgő nyár	[rɛzgøː ɲaːr]
esdoorn (de)	jávorfa	[jaːvorfɒ]
spar (de)	lucfenyő	[lutsfɛɲøː]
den (de)	erdei fenyő	[ɛrdɛi fɛɲøː]
lariks (de)	vörösfenyő	[vørøʃfɛɲøː]
zilverspar (de)	jegenyefenyő	[jɛgɛnɛfɛɲøː]
ceder (de)	cédrus	[tseːdruʃ]
populier (de)	nyárfa	[ɲaːrfɒ]
lijsterbes (de)	berkenye	[bɛrkɛnɛ]
wilg (de)	fűzfa	[fyːzfɒ]
els (de)	égerfa	[ɛgeːrfɒ]
beuk (de)	bükkfa	[bykkfɒ]
iep (de)	szilfa	[silfɒ]
es (de)	kőrisfa	[køːriʃfɒ]
kastanje (de)	gesztenye	[gɛstɛnɛ]
magnolia (de)	magnólia	[mɒgnoːliɒ]
palm (de)	pálma	[paːlmɒ]
cipres (de)	ciprusfa	[tsipruʃfɒ]
mangrove (de)	mangrove	[mɒŋgrov]
baobab (apenbroodboom)	Majomkenyérfa	[mɒjomkɛneːrfɒ]
eucalyptus (de)	eukaliptusz	[ɛukɒliptus]
mammoetboom (de)	mamutfenyő	[mɒmutfɛɲøː]

143. Heesters

struik (de)	bokor	[bokor]
heester (de)	cserje	[tʃɛrjɛ]

wijnstok (de)	szőlő	[søːløː]
wijngaard (de)	szőlőskert	[søːløːʃkɛrt]
frambozenstruik (de)	málna	[maːlnɒ]
rode bessenstruik (de)	ribizli	[ribizli]
kruisbessenstruik (de)	egres	[ɛgrɛʃ]
acacia (de)	akácfa	[ɒkaːtsfɒ]
zuurbes (de)	sóskaborbolya	[ʃoːʃkɒ borbojɒ]
jasmijn (de)	jázmin	[jaːzmin]
jeneverbes (de)	boróka	[boroːkɒ]
rozenstruik (de)	rózsabokor	[roːʒɒ bokor]
hondsroos (de)	vadrózsa	[vɒdroːʒɒ]

144. Vruchten. Bessen

appel (de)	alma	[ɒlmɒ]
peer (de)	körte	[kørtɛ]
pruim (de)	szilva	[silvɒ]
aardbei (de)	eper	[ɛpɛr]
zure kers (de)	meggy	[mɛɟɟ]
zoete kers (de)	cseresznye	[tʃɛrɛsnɛ]
druif (de)	szőlő	[søːløː]
framboos (de)	málna	[maːlnɒ]
zwarte bes (de)	feketeribizli	[fɛkɛtɛ ribizli]
rode bes (de)	pirosribizli	[piroʃribizli]
kruisbes (de)	egres	[ɛgrɛʃ]
veenbes (de)	áfonya	[aːfoɲɒ]
sinaasappel (de)	narancs	[nɒrɒntʃ]
mandarijn (de)	mandarin	[mɒndɒrin]
ananas (de)	ananász	[ɒnɒnaːs]
banaan (de)	banán	[bɒnaːn]
dadel (de)	datolya	[dɒtojɒ]
citroen (de)	citrom	[tsitrom]
abrikoos (de)	sárgabarack	[ʃaːrgɒbɒrɒtsk]
perzik (de)	őszibarack	[øːsibɒrɒtsk]
kiwi (de)	kivi	[kivi]
grapefruit (de)	citrancs	[tsitrɒntʃ]
bes (de)	bogyó	[boɟøː]
bessen (mv.)	bogyók	[boɟøːk]
vossenbes (de)	vörös áfonya	[vørøʃ aːfoɲɒ]
bosaardbei (de)	szamóca	[sɒmoːtsɒ]
blauwe bosbes (de)	fekete áfonya	[fɛkɛtɛ aːfoɲɒ]

145. Bloemen. Planten

bloem (de)	virág	[viraːg]
boeket (het)	csokor	[tʃokor]

Nederlands	Hongaars	Uitspraak
roos (de)	rózsa	[ro:ʒɒ]
tulp (de)	tulipán	[tulipa:n]
anjer (de)	szegfű	[sɛgfy:]
gladiool (de)	gladiólusz	[glɒdio:lus]
korenbloem (de)	búzavirág	[bu:zɒvira:g]
klokje (het)	harangvirág	[hɒrɒŋgvira:g]
paardenbloem (de)	pitypang	[picpɒŋg]
kamille (de)	kamilla	[kɒmillɒ]
aloë (de)	aloé	[ɒloe:]
cactus (de)	kaktusz	[kɒktus]
ficus (de)	gumifa	[gumifɒ]
lelie (de)	liliom	[liliom]
geranium (de)	muskátli	[muʃka:tli]
hyacint (de)	jácint	[ja:tsint]
mimosa (de)	mimóza	[mimo:zɒ]
narcis (de)	nárcisz	[na:rtsis]
Oost-Indische kers (de)	sarkantyúvirág	[ʃɒrkɒɲcu:vira:g]
orchidee (de)	orchidea	[orhidɛɒ]
pioenroos (de)	pünkösdi rózsa	[pyŋkøʃdi ro:ʒɒ]
viooltje (het)	ibolya	[ibojɒ]
driekleurig viooltje (het)	árvácska	[a:rva:rʧkɒ]
vergeet-mij-nietje (het)	nefelejcs	[nɛfɛlɛjʧ]
madeliefje (het)	százszorszép	[sa:zsorse:p]
papaver (de)	mák	[ma:k]
hennep (de)	kender	[kɛndɛr]
munt (de)	menta	[mɛntɒ]
lelietje-van-dalen (het)	gyöngyvirág	[døɲvira:g]
sneeuwklokje (het)	hóvirág	[ho:vira:g]
brandnetel (de)	csalán	[ʧɒla:n]
veldzuring (de)	sóska	[ʃo:ʃkɒ]
waterlelie (de)	tündérrózsa	[tynde:rro:ʒɒ]
varen (de)	páfrány	[pa:fra:ɲ]
korstmos (het)	sömör	[ʃømør]
oranjerie (de)	melegház	[mɛlɛkha:z]
gazon (het)	gyep	[ɟɛp]
bloemperk (het)	virágágy	[vira:ga:ɟ]
plant (de)	növény	[nøve:ɲ]
gras (het)	fű	[fy:]
grasspriet (de)	fűszál	[fy:sa:l]
blad (het)	levél	[lɛve:l]
bloemblad (het)	szirom	[sirom]
stengel (de)	szár	[sa:r]
knol (de)	gumó	[gumo:]
scheut (de)	hajtás	[hɒjta:ʃ]

doorn (de)	tüske	[tyʃkɛ]
bloeien (ww)	virágzik	[viraːgzik]
verwelken (ww)	elhervad	[ɛlhɛrvɒd]
geur (de)	illat	[illɒt]
snijden (bijv. bloemen ~)	lemetsz	[lɛmɛts]
plukken (bloemen ~)	leszakít	[lɛsɒkiːt̪]

146. Granen, graankorrels

graan (het)	gabona	[gɒbonɒ]
graangewassen (mv.)	gabonanövény	[gɒbonɒnøveːɲ]
aar (de)	kalász	[kɒlaːs]

tarwe (de)	búza	[buːzɒ]
rogge (de)	rozs	[roʒ]
haver (de)	zab	[zɒb]
gierst (de)	köles	[køleʃ]
gerst (de)	árpa	[aːrpɒ]

maïs (de)	kukorica	[kukoritsɒ]
rijst (de)	rizs	[riʒ]
boekweit (de)	hajdina	[hɒjdinɒ]

erwt (de)	borsó	[borʃoː]
nierboon (de)	bab	[bɒb]
soja (de)	szója	[soːjɒ]
linze (de)	lencse	[lɛntʃɛ]
bonen (mv.)	bab	[bɒb]

LANDEN. NATIONALITEITEN

147. West-Europa

Europa (het)	Európa	[ɛuro:pɒ]
Europese Unie (de)	Európai Unió	[ɛuro:pɒi unio:]
Oostenrijk (het)	Ausztria	[ɒustriɒ]
Groot-Brittannië (het)	NagyBritannia	[nɒɟbritɒɲiɒ]
Engeland (het)	Anglia	[ɒŋgliɒ]
België (het)	Belgium	[bɛlgium]
Duitsland (het)	Németország	[ne:mɛtorsa:g]
Nederland (het)	Németalföld	[ne:mɛtɒlføld]
Holland (het)	Hollandia	[hollɒndiɒ]
Griekenland (het)	Görögország	[gørøgorsa:g]
Denemarken (het)	Dánia	[da:niɒ]
Ierland (het)	Írország	[i:rorsa:g]
IJsland (het)	Izland	[izlɒnd]
Spanje (het)	Spanyolország	[ʃpoɲolorsa:g]
Italië (het)	Olaszország	[olɒsorsa:g]
Cyprus (het)	Ciprus	[tsipruʃ]
Malta (het)	Málta	[ma:ltɒ]
Noorwegen (het)	Norvégia	[norve:giɒ]
Portugal (het)	Portugália	[portuga:liɒ]
Finland (het)	Finnország	[finnorsa:g]
Frankrijk (het)	Franciaország	[frɒntsiɒorsa:g]
Zweden (het)	Svédország	[ʃve:dorsa:g]
Zwitserland (het)	Svájc	[ʃva:jts]
Schotland (het)	Skócia	[ʃko:tsiɒ]
Vaticaanstad (de)	Vatikán	[vɒtika:n]
Liechtenstein (het)	Liechtenstein	[lihtɛnʃtɒjn]
Luxemburg (het)	Luxemburg	[luksɛmburg]
Monaco (het)	Monaco	[monɒko]

148. Centraal- en Oost-Europa

Albanië (het)	Albánia	[ɒlba:niɒ]
Bulgarije (het)	Bulgária	[bulga:riɒ]
Hongarije (het)	Magyarország	[mɒɟɒrorsa:g]
Letland (het)	Lettország	[lɛttorsa:g]
Litouwen (het)	Litvánia	[litva:niɒ]
Polen (het)	Lengyelország	[lɛɲɟɛlorsa:g]

Roemenië (het)	Románia	[romaːniɒ]
Servië (het)	Szerbia	[sɛrbiɒ]
Slowakije (het)	Szlovákia	[slovaːkiɒ]

Kroatië (het)	Horvátország	[horvaːtorsaːg]
Tsjechië (het)	Csehország	[tʃɛorsaːg]
Estland (het)	Észtország	[eːstorsaːg]

Bosnië en Herzegovina (het)	Bosznia és Hercegovina	[bosniɒ eːʃ hɛntsɛgovinɒ]
Macedonië (het)	Macedónia	[mɒtsɛdoːniɒ]
Slovenië (het)	Szlovénia	[sloveːniɒ]
Montenegro (het)	Montenegró	[montɛnɛgroː]

149. Voormalige USSR landen

| Azerbeidzjan (het) | Azerbajdzsán | [ɒzɛrbɒjʤaːn] |
| Armenië (het) | Örményország | [ørmeːɲorsaːg] |

Wit-Rusland (het)	Fehéroroszország	[fɛheːrorosorsaːg]
Georgië (het)	Grúzia	[gruːziɒ]
Kazakstan (het)	Kazahsztán	[kɒzɒhstaːn]
Kirgizië (het)	Kirgizisztán	[kirgizistaːn]
Moldavië (het)	Moldova	[moldovɒ]

| Rusland (het) | Oroszország | [orosorsaːg] |
| Oekraïne (het) | Ukrajna | [ukrɒjnɒ] |

Tadzjikistan (het)	Tádzsikisztán	[taːʣikistaːn]
Turkmenistan (het)	Türkmenisztán	[tyrkmɛnistaːn]
Oezbekistan (het)	Üzbegisztán	[yzbɛgistaːn]

150. Azië

Azië (het)	Ázsia	[aːʒiɒ]
Vietnam (het)	Vietnam	[viɛtnɒm]
India (het)	India	[indiɒ]
Israël (het)	Izrael	[izrɒɛl]

China (het)	Kína	[kiːnɒ]
Libanon (het)	Libanon	[libɒnon]
Mongolië (het)	Mongólia	[moŋgoːliɒ]

| Maleisië (het) | Malajzia | [mɒlɒjziɒ] |
| Pakistan (het) | Pakisztán | [pɒkistaːn] |

Saoedi-Arabië (het)	SzaúdArábia	[sɒuːdɒraːbiɒ]
Thailand (het)	Thaiföld	[tɒjføld]
Taiwan (het)	Tajvan	[tɒjvɒn]
Turkije (het)	Törökország	[tørøkorsaːg]
Japan (het)	Japán	[jɒpaːn]
Afghanistan (het)	Afganisztán	[ɒfgɒnistaːn]
Bangladesh (het)	Banglades	[bɒŋglɒdɛʃ]

Indonesië (het)	Indonézia	[ɪndoneːziɒ]
Jordanië (het)	Jordánia	[jordaːniɒ]

Irak (het)	Irak	[irɒk]
Iran (het)	Irán	[iraːn]
Cambodja (het)	Kambodzsa	[kɒmbodʑɒ]
Koeweit (het)	Kuvait	[kuvɛjt]

Laos (het)	Laosz	[lɒos]
Myanmar (het)	Mianmar	[miɒnmɒr]
Nepal (het)	Nepál	[nɛpaːl]
Verenigde Arabische Emiraten	Egyesült Arab Köztársaság	[ɛɟɛʃylt ɒrɒb køzta:rʃɒʃa:g]

Syrië (het)	Szíria	[siːriɒ]
Palestijnse autonomie (de)	Palesztína	[pɒlɛstinɒ]
Zuid-Korea (het)	DélKorea	[deːlkorɛɒ]
Noord-Korea (het)	ÉszakKorea	[eːsɒkkorɛɒ]

151. Noord-Amerika

Verenigde Staten van Amerika	Amerikai Egyesült Államok	[ɒmɛrikɒi ɛɟɛʃylt aːllɒmok]
Canada (het)	Kanada	[kɒnɒdɒ]
Mexico (het)	Mexikó	[mɛksikoː]

152. Midden- en Zuid-Amerika

Argentinië (het)	Argentína	[ɒrgɛntiːnɒ]
Brazilië (het)	Brazília	[brɒziːliɒ]
Colombia (het)	Kolumbia	[kolumbiɒ]

Cuba (het)	Kuba	[kubɒ]
Chili (het)	Chile	[tʃilɛ]

Bolivia (het)	Bolívia	[boliːviɒ]
Venezuela (het)	Venezuela	[vɛnɛzuɛlɒ]

Paraguay (het)	Paraguay	[pɒrɒguɒj]
Peru (het)	Peru	[pɛru]

Suriname (het)	Suriname	[surinɒm]
Uruguay (het)	Uruguay	[uruguɒj]
Ecuador (het)	Ecuador	[ɛkuɒdor]

Bahama's (mv.)	Bahamaszigetek	[bɒhɒmɒsigɛtɛk]
Haïti (het)	Haiti	[hɒiti]

Dominicaanse Republiek (de)	Dominikánus Köztársaság	[dominikaːnuʃ køstaːrʃɒʃaːg]
Panama (het)	Panama	[pɒnɒmɒ]
Jamaica (het)	Jamaica	[jamɒjkɒ]

153. Afrika

Egypte (het)	Egyiptom	[ɛɟiptom]
Marokko (het)	Marokkó	[mɒrokko:]
Tunesië (het)	Tunisz	[tunis]
Ghana (het)	Ghána	[ga:nɒ]
Zanzibar (het)	Zanzibár	[zɒnziba:r]
Kenia (het)	Kenya	[kɛɲɒ]
Libië (het)	Líbia	[li:biɒ]
Madagaskar (het)	Madagaszkár	[mɒdɒgɒska:r]
Namibië (het)	Namíbia	[nɒmi:biɒ]
Senegal (het)	Szenegál	[sɛnɛga:l]
Tanzania (het)	Tanzánia	[tɒnza:niɒ]
Zuid-Afrika (het)	DélAfrikai Köztársaság	[de:lɒfrikɒi køsta:rʃɒʃa:g]

154. Australië. Oceanië

Australië (het)	Ausztrália	[ɒustra:liɒ]
Nieuw-Zeeland (het)	ÚjZéland	[u:jze:lɒnd]
Tasmanië (het)	Tasmánia	[tɒsma:niɒ]
Frans-Polynesië	Francia Polinézia	[frɒntsiɒ poline:ziɒ]

155. Steden

Amsterdam	Amszterdam	[ɒmstɛrdɒm]
Ankara	Ankara	[ɒŋkɒrɒ]
Athene	Athén	[ɒte:n]
Bagdad	Bagdad	[bɒgdɒd]
Bangkok	Bangkok	[bɒŋgkok]
Barcelona	Barcelona	[bɒrsɛlonɒ]
Beiroet	Bejrút	[bɛjru:t]
Berlijn	Berlin	[bɛrlin]
Boedapest	Budapest	[budɒpɛʃt]
Boekarest	Bukarest	[bukɒrɛst]
Bombay, Mumbai	Bombay, Mumbai	[bombɛj], [mumbɒj]
Bonn	Bonn	[bonn]
Bordeaux	Bordó	[bordo:]
Bratislava	Pozsony	[poʒoɲ]
Brussel	Brüsszel	[bryssɛl]
Caïro	Kairó	[kɒiro:]
Calcutta	Kalkutta	[kɒlkuttɒ]
Chicago	Chicago	[tʃikɒgo]
Dar Es Salaam	DaresSalaam	[dɒrɛssɒla:m]
Delhi	Delhi	[dɛli]

Den Haag	Hága	[ha:gɒ]
Dubai	Dubai	[dubɒj]
Dublin	Dublin	[dublin]
Düsseldorf	Düsseldorf	[dyssɛldorf]
Florence	Firenze	[firɛnzɛ]
Frankfort	Frankfurt	[frɒŋkfurt]
Genève	Genf	[gɛnf]
Hamburg	Hamburg	[hɒmburg]
Hanoi	Hanoi	[hɒnoj]
Havana	Havanna	[hɒvɒnnɒ]
Helsinki	Helsinki	[hɛlsiŋki]
Hiroshima	Hirosima	[hirosimɒ]
Hongkong	Hongkong	[hoŋgkoŋ]
Istanbul	Isztambul	[istɒmbul]
Jeruzalem	Jeruzsálem	[jɛruʒa:lɛm]
Kiev	Kijev	[ki:jɛv]
Kopenhagen	Koppenhága	[koppɛnha:gɒ]
Kuala Lumpur	Kuala Lumpur	[kuɒlɒ lumpur]
Lissabon	Lisszabon	[lissɒbon]
Londen	London	[london]
Los Angeles	LosAngeles	[losɒnʒɛlɛs]
Lyon	Lyon	[lion]
Madrid	Madrid	[mɒdrid]
Marseille	Marseille	[mɒrsɛj:]
Mexico-Stad	Mexikó	[mɛksiko:]
Miami	Miami	[miɒmi]
Montreal	Montreal	[monrɛɒl]
Moskou	Moszkva	[moskvɒ]
München	München	[mynhɛn]
Nairobi	Nairobi	[nɒjrobi]
Napels	Nápoly	[na:poli]
New York	New York	[ɲy jork]
Nice	Nizza	[nitsɒ]
Oslo	Oslo	[oslo]
Ottawa	Ottawa	[ottɒvɒ]
Parijs	Párizs	[pa:riʒ]
Peking	Peking	[pɛkiŋg]
Praag	Prága	[pra:gɒ]
Rio de Janeiro	Rio de Janeiro	[rio dɛ ʒɒnɛjro]
Rome	Róma	[ro:mɒ]
Seoel	Szöul	[søul]
Singapore	Szingapúr	[siŋgɒpu:r]
Sint-Petersburg	Szentpétervár	[sɛntpe:tɛrva:r]
Sjanghai	Sanghaj	[ʃɒŋghɒj]
Stockholm	Stockholm	[stokolm]
Sydney	Sydney	[sidnɛj]
Taipei	Tajpej	[tɒjpɛj]
Tokio	Tokió	[tokio:]

Toronto	**Toronto**	[toronto]
Venetië	**Velence**	[vɛlɛntsɛ]
Warschau	**Varsó**	[vɒrʃoː]
Washington	**Washington**	[vɒʃiŋgton]
Wenen	**Bécs**	[beːtʃ]

www.ingramcontent.com/pod-product-compliance
Lightning Source LLC
Chambersburg PA
CBHW070557050426

42450CB00011B/2896